Conversations from south to south:
Architecture, culture and context

Conversaciones de sur a sur:
Arquitectura, cultura y contexto

—

First edition, 2025
Primera edición
ISBN 978-607-8880-44-7

Dr. Lucio 181
Colonia Doctores, 06720
Ciudad de México
arquine.com

Editor | Edición
Germán Valenzuela

Design and typesetting | Diseño y diagramación
Estudio Vicencio, Chile
estudiovicencio.cl

Dirección de Creación
Vicerrectoría Académica
Universidad de Talca

THE UNIVERSITY OF TENNESSEE KNOXVILLE

Arquine

Director | Dirección
Miquel Adrià

Editorial supervision | Supervisión editorial
Andrea Griborio
Brenda Soto Suárez

Proofreading | Revisión de pruebas
Fátima Cabrera Ruiz

Conversations from south to south:
Architecture, culture and context

Editors

Milagros Zingoni

Germán Valenzuela

Conversaciones de sur a sur:
Arquitectura, cultura y contexto

Table of contents
Índice

SOUTH
Introduction

The four cardinal points are
three: The South and the North
Vicente Huidobro

SUR
Introducción

Los cuatro puntos cardinales
son tres: el Sur y el Norte
Vicente Huidobro

Maps haven't always been oriented to the north. Not until Mercator did this begin to be used as a convention, and it's logical to think navigators adopted it due to compass usage. South could have just as easily been chosen, though. Surely, the fact that explorers and cartographers of the modern era were European imperialists and expert navigators influenced the decision.

Exploration is a characteristic of humanity, and thus orientation has been a key tool from prehistoric monoliths to contemporary satellites. But it was the compass that pointed us north. Medieval maps in Europe, at least until the 15th century, depicted land oriented eastward, towards the sunrise. After all, "origin," "orient," and "orientate" all share the same etymology: *oriri* (the rising of the stars).

In China, orientation had to do with the emperor residing north of the country, so his subjects would be oriented toward him. Cartographers like Al-Idrisi in the Islamic world, however, oriented toward the south, facing Mecca. Many indigenous peoples of Latin America—Mapuche, Incas,

---

Los mapas no siempre estuvieron orientados al norte. No fue sino hasta Mercator que ello comenzó a utilizarse como una convención, y resulta lógico pensar que los navegantes lo adoptasen dado el uso de la brújula. Se pudo, en cualquier caso, haber optado por el sur con la misma facilidad. Influyó en la decisión, de seguro, el hecho de que los exploradores y cartógrafos de la era moderna fuesen imperialistas europeos y expertos navegantes.

La exploración es una característica del ser humano y, por ende, la orientación ha sido una herramienta clave desde los menhires de la prehistoria hasta los satélites contemporáneos. Pero fue la brújula la que nos mostró el norte. De hecho, los mapas medievales en Europa, al menos hasta el siglo XV, representaban el territorio orientado hacia el este, hacia el amanecer. A fin de cuentas, origen, oriente y orientar tienen la misma etimología: *oriri* (salir de los astros).

En China, la orientación tenía que ver con el emperador que residía al norte del país. Sus súbditos, desde luego, tenían que orientarse hacia él.

Aztecs, and Mayas—also oriented themselves to the east. The rising sun still represents life, renewal, and a connection to the spiritual world.

The dichotomy between north and south, as poet Vicente Huidobro suggests in our epigraph, originated in a way from Mercator's maps, transcending their geographic utility to become a powerful cultural, political, and economic metaphor. The invention of cartography and northward orientation significantly influenced power dynamics. Beyond clichés we often use for trivial matters like "losing one's north" or "having a north in life," the north is naturally associated with development and modernity, especially in the context of globalization, as if it were a kind of destiny. In contrast, the South is perceived as synonymous with localism, conservatism, underdevelopment, and even poverty. Terms like *dixie* or *redneck* are part of that imaginary. The neologism "Global South" had to be coined to highlight that the south also has its developed areas.

Cartógrafos como Al-Idrisi en el mundo islámico, en cambio, se orientaban hacia el sur, mirando hacia La Meca. Muchos pueblos originarios de Latinoamérica —mapuches, incas, aztecas y mayas— se orientaban también al este. El sol naciente representa aún la vida, la renovación y la conexión con el mundo espiritual.

La dicotomía entre el norte y el sur que sugiere el poeta Vicente Huidobro en nuestro epígrafe se originó de cierta forma en los mapas de Mercator, trascendiendo su utilidad geográfica para convertirse en una poderosa metáfora cultural, política y económica. La invención de la cartografía y la orientación hacia el norte han influido significativamente en las dinámicas de poder. Mas allá de las caricaturas que tanto ocupamos para referirnos a temas triviales como "perder el norte" o "tener un norte en la vida", el norte es asociado *naturalmente* con desarrollo y modernidad, sobre todo en el contexto de la globalización, como si aquello fuese una especie de destino. Sur, en contraste, se percibe como sinónimo de localismo, conservadurismo,

The north-south axis operates in our consciousness as a prejudice with both global and specific reach, thus propagating hierarchical schemes such as the dominance of the north over the south in countries like the United States or Italy.

In recent decades, and perhaps as a result of the crisis in globalization, there has been a genuine interest in reconnecting with "the Souths"—those areas we have left behind but that tend to challenge hegemonic narratives and the modern status quo.

The texts presented here represent only a small portion of the vast and heterogeneous creative output of a group of architects trained in Latin America, dedicated to exploring the limits of their discipline in diverse regions across the planet. In other words, our contributors are part of a delicate tapestry of distinct architectural productions that have begun to receive greater attention on the international scene. The urgency for an alternative way of understanding and constructing contemporary reality is increasingly

---

subdesarrollo e incluso pobreza. Términos como *dixie* o *redneck* forman parte de ese imaginario. Y se ha tenido que acuñar el neologismo "sur global" a modo de subrayar que el sur también tiene sus áreas desarrolladas.

Opera sobre nuestra conciencia el eje norte-sur como un prejuicio de alcances tanto globales como específicos, y así se han propagado esquemas jerárquicos como el del norte sobre el sur en Estados Unidos o Italia.

En las últimas décadas, y a partir, quizás, de la crisis de la globalización, emerge sin embargo un genuino interés por reconectar con "los sures", aquellas áreas que hemos dejado rezagadas pero que tienden a desafiar las narrativas hegemónicas y el *statu quo* moderno.

Los textos que aquí se ofrecen representan apenas una pequeñísima porción de la enorme y heterogénea producción creativa que proviene de una pléyade de arquitectos y arquitectas formados en Latinoamérica y dedicados a explorar los límites de la disciplina en regiones diversas del planeta. Dicho de otro modo, nuestros invitados forman parte de una filigrana de producciones

evident, both within architecture schools and at biennials and other discussion platforms. However, it is outside academia where the most visible changes are truly occurring. In a way, it's a cross-contamination between part of the academic sphere and an architecture that we might call "emergent," both born out of the need for new strategies to confront complex realities. Here, architecture—sometimes feeling its way forward—finds ways to bring value to the available resources in the places where "situated architecture" is designed and built.

This architecture follows a logic of small-scale design or, if you will, as Jill Stoner[1] puts it, a "minor" architecture that is paving its way and sparking global interest in alternative practices. This interest, in our view, arises from the need to renew architectural discourse in response to an evolving reality shaped by environmental, economic, and cultural crises, along with the growing disillusionment with speculative developmental discourse and the loss of globalization's perceived positive values (progress, development,

---

arquitectónicas de índole distinta que han comenzado a recibir mayor atención en la escena internacional. La urgencia de una manera alternativa de entender y construir la realidad contemporánea es cada vez más evidente, tanto dentro de las escuelas de arquitectura como en bienales y otras plataformas de discusión. No obstante, es por fuera de la academia donde realmente están ocurriendo los cambios más visibles. De alguna manera se trata de una contaminación cruzada entre una parte de las academias y una arquitectura que podríamos denominar de "emergencia", surgidas ambas de la necesidad de contar con estrategias nuevas para encarar realidades complejas y en donde la arquitectura puede llegar —a veces un poco a tientas— a poner en valor los recursos disponibles en los lugares donde se proyecta y construye una "arquitectura situada".

Esta arquitectura responde a una lógica de lo pequeño o, si se quiere, siguiendo las ideas de Jill Stoner,[1] es una arquitectura *menor*, que está

1 Jill Stoner, *Toward A Minor Architecture*, The MIT Press, 2012.

representative democracy, free market, etc.). In seeking these alternatives, these practices—alongside a multitude of other artistic, philosophical, and cultural practices often labeled as "local"—promote a new intelligence and situated, local, decolonial knowledge aimed at rethinking, designing, and constructing habitable spaces.

From our perspective, the dominance and prestige of globalization have weakened in 21st-century architecture, as modernity confronts the impossibility of establishing itself definitively, contrary to the once-proclaimed "end of history." The heterogeneity of reality, inequality, and ecological conflict disprove such finality.

The questions that begin to unfold center on urgency and the possibility of embracing new ways of doing and inhabiting spaces, of focusing on local conditions, existing resources, climate, available means, and much more. This

---

abriéndose camino y suscitando un interés global por las prácticas alternativas. Tal interés surge, a nuestro modo de ver, de la necesidad de renovar el discurso arquitectónico frente a una realidad más o menos novedosa que ha surgido del escenario de crisis medioambiental, económica y cultural, y al creciente descrédito del discurso desarrollista-especulador dada la pérdida del sentido positivo de la globalización (progreso, desarrollo, democracia representativa, libre mercado, etcétera). En busca de aquellas alternativas, estas prácticas y un sin número de otras prácticas artísticas, filosóficas y culturales etiquetadas muchas veces como producciones locales, promueven una nueva inteligencia y un conocimiento situado, local y decolonial, para pensar, proyectar y construir el espacio habitable.

Desde nuestra perspectiva, la posición dominante y el prestigio de la globalización se debilitan en la arquitectura del nuevo siglo a medida que la modernidad confronta la imposibilidad de una instalación definitiva, tal como

approach consciously moves away from generic globalism, without renouncing technologies that, on the contrary, support the diffusion of such ideas.

It may be wise to reflect on the concept of "the local". For some, the local suggests backwardness; for others, it evokes a sense of quaintness or a kind of refuge. Cloaked in multiple ontological meanings of what is specific and therefore relatively defined (at least in the collective imagination), the local has been associated with preservation and, at times, has been perceived as the antithesis of innovation. In pre-war Europe, for example, the idea of the local and the defense of one's own identity took on a defensive connotation against supposed global threats.

However, the notion of "refuge" in the local is illusory; the past cannot serve as a haven against an uncertain future. What is required, then, is a reinterpretation of the value of the local, where the particularities of each place are appreciated without the need to reject the contemporary. This

---

alguna vez se auguró el "fin de la historia". La heterogeneidad de la realidad, la desigualdad y el conflicto ecológico lo desmienten.

Las preguntas que se comienzan a desplegar a partir de allí apuntan a aquella emergencia y a la posibilidad de incorporar otras formas de hacer y habitar, a prestar atención a las condiciones locales, a lo existente, al clima, a los medios disponibles y un largo etcétera que se aleja de lo global genérico sin renunciar a las tecnologías que por el contrario apoyan su diseminación.

Quizás sea prudente detenerse un minuto en un aspecto asociado al concepto mismo de lo local; para unos, sinónimo de atraso; para otros, ligado más bien a pintoresquismo o terruño, acaso refugio. Revestido de los múltiples sentidos ontológicos de aquello que resulta específico y por eso relativamente definido (al menos en el imaginario), lo local ha sido equivalente de aquel arraigo a las tradiciones de la conservación que más de una vez se ubica en las antípodas de la innovación. En la Europa de preguerra produjo los resultados conocidos, so pretexto de una supuesta defensa de la identidad y lo originario,

involves rethinking the local beyond the notion of progress imposed by modernity.

According to Bruno Latour, it is essential to overcome the linearity of dualistic thinking — local-global, old-modern, past-future, backward-innovative — and to consider both concepts as part of an interconnected whole. This integration allows the local and the global to operate simultaneously, enriching the multiple scales that the current landscape demands in architecture and other disciplines.

We refer, therefore, to a logic that is simultaneously centripetal and centrifugal in the production of meaning. This logic emerges from works that are rooted in the periphery rather than merely imposed upon it, focusing on the specificity of a place—thoughtfully conceived and constructed—rather than on the imposition of stylistic or trend-driven discourses. Such works push the boundaries of disciplines that design for living, embracing a broad theoretical tradition of resistance drawn from philosophy and art, along with

---

el refugio (de nuevo) ante las amenazas que provienen de lo global. Sin embargo aquel refugio, hay que decirlo, es inexistente; no hay vuelta a ningún pasado que sirva de cobijo ante un futuro incierto. Se requiere entonces de una operación de relectura y valoración de las particularidades de lo local sin renunciar a lo contemporáneo, donde lo local se sobreponga a la definición de progreso que impuso la modernidad: se trata, como dice Bruno Latour, de escapar de la linealidad del relato dual, local-global, antiguo-moderno, pasado-futuro, retrógrado-innovador, para entender lo local y lo global como parte de un conjunto que puede operar simultáneamente para bien de las múltiples escalas que este nuevo escenario plantea a la disciplina.

Aludimos por consiguiente a una lógica al mismo tiempo centrípeta y centrífuga de producción de sentido, a partir de obras que se patentizan *desde* la periferia más que *sobre* la periferia, o que se ocupan de lo específico del lugar pensado y construido antes que de la imposición discursiva de los estilos o las tendencias, expandiendo los límites de las disciplinas que diseñan para

the numerous intellectual movements from the 1960s that critiqued dominant development paradigms and remain highly relevant today.

Javier Sánchez approaches architecture as a tool to rethink the city and to build a better urban environment. His focus on renewing and recycling existing structures aligns with the idea of using architecture as a means to improve spaces meaningfully. Sánchez presents here some of his projects, ranging from transforming old buildings into hotels to intervening in small-scale cultural spaces. Whether preserving an original facade, retaining part of a structure, creating a central courtyard as the heart of the new design, or adding a new floor, he brings a contemporary and functional dimension to spaces that might otherwise seem beyond repair. His selective conservation strategy allows for a sustainable, conscious approach that reduces environmental impact with a clear sense of practicality. In his operations, past and future, preservation and adaptation, can coexist. As Sánchez suggests, architecture should be seen as a powerful tool to

---

el habitar. En ellas pueden leerse a la vez las herencias de una amplia tradición teórica de resistencia, tanto en la filosofía como en el arte, junto a los múltiples episodios intelectuales que desde los sesenta criticaron la posición dominante del desarrollo y que hoy renuevan su vigencia.

Javier Sánchez aborda la arquitectura como una herramienta para repensar la ciudad y construir desde allí un mejor entorno urbano. Su enfoque en la renovación y reciclaje de lo existente se alinea con la idea de utilizar la arquitectura como un medio afín a tal idea de mejora. Sánchez nos expone aquí algunos de sus proyectos, que van desde la transformación de antiguos edificios en hoteles hasta la intervención en espacios culturales de pequeña escala. Conservando una fachada original o parte de una estructura, creando un patio central como corazón del nuevo diseño o adicionando un piso, transforma en un espacio contemporáneo y funcional aquello que no parecía tener mucho remedio. Podríamos decir que su estrategia de conservación selectiva permite un enfoque sostenible y consciente que reduce el impacto ambiental con un alto sentido de realidad. Ello hace

preserve, enhance, and promote urban life, providing sustainability to urban environments in constant evolution.

Marcela Godoy, in her own way, has carved out a personal path that may seem at times to diverge from architecture, though this is only an illusion. From experimental perspectives that intersect architecture, art, and technology, she explores new ideas through an open-minded approach to materials, which serve as both her medium of expression and a means of autonomy. Her projects focused on reusing electronic waste to create wearable art have become a consistent theme throughout her academic and professional work, transforming research into a form of creative expression. This is evident in her Remaker Space, a lab dedicated to working with recycled materials and exploring sustainable alternatives to plastic. Through these actions, Godoy has developed a powerful set of appealing solutions while embedding the ethical implications of design in relation to the built environment.

---

factible superponer en sus operaciones el pasado y el futuro, la conservación y la adaptación. En palabras de Sánchez, la arquitectura sería vista como una herramienta poderosa para preservar, mejorar y promover la vida en la ciudad dando sostenibilidad a entornos urbanos en constante evolución.

Marcela Godoy, por su parte, ha trazado un camino personal que a veces parece alejarse de la arquitectura, aunque eso es solo una ilusión. Desde perspectivas experimentales que entrecruzan arquitectura, arte y tecnología, explora nuevas ideas a partir de una aproximación desprejuiciada a los materiales que resultan ser su medio de acción y su forma de autonomía. Sus proyectos para reutilizar los desechos electrónicos en arte usable constituyen un problema rastreable en todo su quehacer académico y profesional, de modo que la investigación deviene también espacio de expresión, como lo muestra el Remaker Space, un laboratorio dedicado a trabajar con materiales reciclados y explorar alternativas sostenibles al plástico. A través de estas acciones, Godoy ha ido generando un set de soluciones

Gerardo Caballero presents a series of works that reveal a profound understanding of the urban and rural context of Argentina, bringing his architectural practice into a dialogue with the cultural and geohistorical identity of his country. His designs showcase an undeniable talent for reinterpreting the landscape's history through contemporary design. The metal structures typical of agricultural warehouses, the potato plains, and brick facades in continuous lines may appear unremarkable to a novice, but Caballero has even turned these elements into the central concept for Argentina's pavilion at the Venice Biennale. His ability to draw inspiration from a site's pre-existing conditions, whether in the urban environment of Rosario or the vast plains of the Pampas, overlays the seemingly banal with new ways of inhabiting space.

In a text signed by David Barragán, Al Borde emphasizes the importance of collective work and collaboration in design, where the need to work

---

poderosamente atractivas, al tiempo que incorpora las implicaciones éticas del diseño en la relación con el medio construido.

Gerardo Caballero nos presenta una serie de obras de profunda comprensión del contexto urbano y rural de Argentina, llevando su práctica arquitectónica a la dialéctica de la identidad cultural y geohistórica de su país. Se aprecia en sus diseños una innegable habilidad para reinterpretar la historia del paisaje a través del diseño contemporáneo. Las estructuras metálicas presentes en los galpones agroindustriales, el llano de la papa, los edificios de fachada continua construidos en ladrillo serían para un neófito objetos sin interés. Sin embargo, Caballero los ha transformado incluso en argumento del pabellón de Argentina en la Bienal de Venecia. Su capacidad para encontrar inspiración en las condiciones preexistentes de un sitio o del paisaje, ya sea en el entorno urbano de Rosario o en la vasta extensión de la pampa, superpone las condiciones existentes —a veces banales— con nuevas maneras de habitar.

together has become a hallmark of Ecuador's recent architecture. This collaborative approach stems from the need to tackle common challenges in an environment where resources are limited and the conditions to practice architecture are difficult. It becomes clear why Al Borde has become a model for other architectural initiatives worldwide. By recognizing their individual strengths and weaknesses, the four members of the collective aim to create an architectural studio where the internal philosophy aligns with their approach to projects. The collaborative design and construction of the Nueva Esperanza School serves as a paradigmatic example, initially motivated by a teacher's interest in implementing self-learning methodologies, mirroring the collaborative ethos of Al Borde's practice. Their projects follow a similar logic, aiming for sustainable, adaptive interventions that employ passive strategies and adapt to budgetary constraints while making the best use of available resources.

Al Borde, a través del texto firmado por David Barragán, remarca la importancia del trabajo colectivo y la colaboración en el diseño, donde la necesidad de trabajar juntos se presenta como un sello del ADN de la arquitectura reciente del Ecuador. Este enfoque colaborativo brota de la necesidad de enfrentar los desafíos comunes en un entorno donde los recursos son escasos y las condiciones de factibilidad para hacer arquitectura resultan difíciles. En ese sentido, se entiende por qué Al Borde se ha transformado en referente de muchas otras acciones arquitectónicas en diversas latitudes. Entendiendo sus fortalezas y debilidades individuales, los cuatro integrantes del colectivo persiguen crear un estudio arquitectónico cuya filosofía interna coincida con la manera de hacer afuera. Probablemente resulta paradigmático el ejercicio de proyectación y construcción colectiva de la Escuela Nueva Esperanza, que comenzó como la iniciativa de un maestro interesado en implementar metodologías de autoaprendizaje, y cuya motivación evidenciaba la manera con que la propia oficina se desarrolla. A partir de allí los proyectos en

Gloria Cabral shares her work as an architect, having spent seventeen years as a partner at Gabinete de Arquitectura in Paraguay. Cabral begins her narrative with the challenge of rehabilitating the Teletón Center, a deteriorated building with a very limited budget. Using demolition materials, primarily bricks, she outlines a strategy that makes the project feasible. For Cabral, the approach—like a type of choreography—becomes the blueprint for the successive projects she describes from this initial exercise. In her words, "If we understand the structure, if we understand how materials work, we can create the form." This philosophy is evident in her creative use of affordable materials, not primarily driven by cost-efficiency or sustainability but rather by a thoughtful set of reflections and decisions that guide her actions. Grounded in experimentation, adaptability, and the search for creative solutions, Cabral's full engagement in each stage of the process allows her to learn from abstract planning to the most

---

cuestión tienen una lógica similar, buscando crear intervenciones sostenibles y adaptativas, utilizando estrategias pasivas y leyendo las limitaciones presupuestarias, pero también las posibilidades existentes que permitan un uso razonable de los recursos.

Gloria Cabral nos muestra aquí su trabajo como arquitecta asociada durante diecisiete años a Gabinete de Arquitectura en Paraguay. Cabral inicia su relato con el desafío de rehabilitar el Centro Teletón, un edificio en mal estado para cuya intervención el presupuesto es sumamente escueto. Empleando materiales de demolición, principalmente ladrillos, define una estrategia de pensamiento y acción que factibiliza la obra. Es entonces la estrategia, como una especie de coreografía, la que se dibuja en los proyectos explicados sucesivamente desde aquel primer ejercicio. En sus palabras, "si entendemos la estructura, si entendemos cómo funcionan los materiales, podemos hacer la forma". Esta filosofía se refleja en su uso creativo de materiales asequibles, aun cuando no sea lo económico o lo sostenible lo que ilumina los proyectos, sino aquel

pragmatic decisions, tailoring the design to meet logistical, structural, or budgetary needs. This strategy not only makes the project viable but also shapes its aesthetic identity.

Marcos Coronel shares the idea of "strategy" as a way of interacting with reality. He presents the work of PICO Colectivo, a Venezuelan urban laboratory that uses architecture as a tool to promote social transformation and empower communities. Through various projects, the collective demonstrates how architecture can be a catalyst for change, going beyond the simple construction of buildings. Coronel examines projects in popular settlements and marginalized areas where conventional architecture either does not reach or fails to meet the real needs of the communities. Rather than imposing solutions from the outside, the collective works closely with the residents, encouraging participation and self-management. The reuse of materials and the adaptation of constructions to local conditions are key elements that have allowed them to transform abandoned buildings or

---

conjunto de reflexiones y decisiones que acompañan la acción. Basándose en la experimentación, la adaptabilidad y la búsqueda de soluciones creativas, la implicación total en el proceso completo de la obra permite aprender desde lo más abstracto a las decisiones más mundanas, ajustando el diseño según las necesidades logísticas, estructurales o presupuestarias para viabilizar la obra, al paso que esta estrategia se convierte en estética.

Marcos Coronel comparte tal idea de "estrategia" como modo de interacción con la realidad. Nos presenta el trabajo del PICO Colectivo, laboratorio urbano venezolano que utiliza la arquitectura como una herramienta para promover la transformación social y empoderar a las comunidades. A través de diversos proyectos, el colectivo demuestra cómo la arquitectura puede ser un catalizador para el cambio, yendo más allá de la simple construcción de edificios. Coronel examina proyectos en asentamientos populares y áreas marginadas, donde la arquitectura convencional no llega o no responde a las necesidades reales de las comunidades. En lugar de imponer soluciones desde afuera, el colectivo trabaja

vacant lots into self-managed cultural spaces, affirming that it is possible to create quality architecture with very limited resources.

Finally, André Nogueira explores the evolution of design and its role in creating a more human and sustainable future. Traditionally, design has focused on the form and function of objects, but here Nogueira argues that its potential goes far beyond that. By analyzing the history of design, from craftsmanship to the industrial and digital eras, the author reveals how design has evolved from an individual activity to an institutionalized discipline. However, this institutionalization has led to a disconnection between designers and end users. Companies often prioritize mass production and planned obsolescence, neglecting the real needs of people. Nogueira proposes a new approach to design that focuses on a deep understanding of people and their contexts. This approach, called "human-centered design," involves at least three key aspects: abstraction (identifying the fundamental needs of people beyond their explicit demands),

---

en estrecha colaboración con los habitantes, fomentando la participación y la autogestión. La reutilización de materiales y la adaptación de las construcciones a las condiciones locales son elementos claves que les han permitido la transformación de edificios abandonados o espacios baldíos en espacios culturales autogestionados, ratificando que es posible crear arquitectura de calidad con recursos muy limitados.

Finalmente, André Nogueira explora la evolución del diseño y su papel en la creación de un futuro más humano y sostenible. Tradicionalmente, el diseño se ha centrado en la forma y función de los objetos, pero aquí Nogueira argumenta que su potencial va mucho más allá. Al analizar la historia del diseño, desde la artesanía hasta la era industrial y la era digital, el autor revela cómo el diseño ha evolucionado desde una actividad individual hacia una disciplina institucionalizada. Sin embargo, esta institucionalización ha llevado a una desconexión entre los diseñadores y los usuarios finales. Las empresas a menudo priorizan la producción en masa y la obsolescencia programada,

prototyping (experimenting with different solutions and getting early feedback from users), and abduction (exploring future possibilities to create alternative visions). It is in the combination of these three capabilities where designers create new solutions that not only meet current needs but also anticipate and shape future needs.

It can be observed in these emerging architectural practices that the result of their projective, material, and theoretical actions follows a path distinct from the developmentalism outlined by the post-capitalist imprint, positioning itself in the realm of resistance in a more or less conscious manner, invoking recognizable legacies and addressing the particularities of the context to the point of legitimizing its aesthetics in the available cultural and material conditions. The best or most interesting productions are primarily defined by their connection to territories and cultural, historical, and material contexts; actions based primarily on a direct relationship with available resources and the emergence of new cultural interests, without

---

descuidando las necesidades reales de las personas. Nogueira nos propone un nuevo enfoque para el diseño que se centra en la comprensión profunda de las personas y sus contextos. Este enfoque, denominado "diseño centrado en el ser humano", implica al menos tres aspectos clave, a saber: *abstracción* (identificar las necesidades fundamentales de las personas más allá de sus demandas explícitas), *prototipado* (experimentar con diferentes soluciones y obtener retroalimentación temprana de los usuarios), y *abducción* (explorar las posibilidades futuras para crear visiones alternativas). Es en la combinación de estas tres capacidades donde los diseñadores crean soluciones nuevas, que no solo satisfacen las necesidades actuales sino que también anticipan y dan forma a las necesidades futuras.

Puede advertirse en estas prácticas arquitectónicas emergentes que el resultado de su accionar proyectual, material y teórico encuentra un derrotero diverso al desarrollismo trazado por la impronta poscapitalista, situándose en el terreno de la resistencia de manera más o menos consciente, invocando

disregarding disciplinary legacies or extraterritorial influences, thereby promoting a hybrid and decentralized practice.

In summary, the South can be seen as a way of thinking and doing that serves as a catalog of experiences to confront a challenging future.

---

herencias reconocibles y atendiendo a las particularidades del contexto al punto de legitimar su estética en las condiciones culturales y materiales disponibles. Son producciones, las de mejor resultado o mayor interés, que están definidas principalmente por su vinculación con los territorios y contextos culturales, históricos y materiales; actuaciones basadas principalmente en una relación directa con los recursos a mano y con el surgimiento de nuevos intereses de cultura, sin desconocer herencias y tradiciones disciplinares o influencias extraterritoriales, de forma que promueven una práctica híbrida y descentralizada.

En síntesis, el sur puede ser una forma de pensar y hacer que sirve como catálogo de experiencias para encarar un futuro desafiante.

Material matter exhibition
Simone Horner
Delaney O'Brian
Autumn Jones

Milagros Zingoni

Architect from the Faculty of Architecture at the University of Flores, Argentina (1997), and Master of Urban and Environmental Planning from Arizona State University (2006). She is an Associate Professor and Director of the School of Interior Architecture at the University of Tennessee. She was an Associate Professor at Arizona State University, where she also developed and directed the Master's in Interior Architecture.

Her research focuses on pedagogical methodologies that foster empathy and collaboration, the development of design-build studies in interior architecture, and interdisciplinary thinking. She has distinguished herself through her work in empowering disadvantaged communities, promoting learning environments that prioritize collaborative learning and problem-solving.

Among her recognitions, she received the Outstanding Faculty Mentor Award (2020) from Arizona State University; the International Interior Designers Association Award (2022); in 2023, she was awarded the National Minority Architects Phil Freelon Award and the Association of Collegiate Schools of Architecture Diversity Award, as well as the International Best Place Award from the Environmental Design Research Association. She was also recognized as Educator of the Year by the American Society of Interior Designers (Tennessee Chapter).

Arquitecta por la Facultad de Arquitectura de la Universidad de Flores, Argentina (1997) y maestra en Urbanismo y Planificación Ambiental por la Universidad Estatal de Arizona (2006). Es profesora asociada y directora de la Escuela de Arquitectura Interior en la Universidad de Tennessee. Fue profesora asociada en la Universidad Estatal de Arizona, donde también desarrolló y fue directora de la Maestría en Arquitectura Interior.

Su investigación se centra en metodologías pedagógicas que fomenten la empatía y la colaboración, el desarrollo de estudios de diseño-construcción en arquitectura interior y el pensamiento interdisciplinario. Ha destacado por su trabajo para empoderar comunidades desfavorecidas, promoviendo entornos pedagógicos que prioricen el aprendizaje colaborativo y la resolución de problemas.

Entre sus reconocimientos destacan el Outstanding Faculty Mentor Award (2020) de la Universidad Estatal de Arizona; por la Asociación Internacional de Diseñadores de Interiores (2022); en 2023 recibió los premios National Minority Architects Phil Freelon Award y Association of Collegiate Schools of Architecture Diversity Award, así como el International Best Place Award por la Environmental Design Research Association. También fue reconocida por el American Society of Interior Designers (Tennessee chapter) como educadora del año.

mzingoni@utk.edu

Germán Valenzuela

Architect from the Maritime University of Chile and Master's from the Polytechnic University of Catalonia and the Centre for Contemporary Culture in Barcelona. He is a co-founder of the School of Architecture at the University of Talca, where he teaches various undergraduate courses. His workshop, "Domestic Interventions" was recently awarded at the Ibero-American Biennial of Architecture and Urbanism. Projects developed with final-year architecture students received the Archiprix Award in 2013 and 2017, as well as the Young Talent Architecture Award in 2020. A significant number of his works have been published and exhibited in various disciplinary events.

He has been a guest professor in both Latin America and Europe. He was the first visiting professor at the School of Interior Architecture at the University of Tennessee-Knoxville.

He is the director of the Seminar on Architecture Del Territorio al Detalle. He served as an architectural advisor for the Chilean Pavilion at the 15th Mostra Internazionale di Architettura di Venezia. He is the author of several publications, including his recent book *Del territorio al detalle* (Ed. Bifurcaciones, 2022), which was awarded at the Ibero-American Biennial of Architecture 2022.

Arquitecto por la Universidad Marítima de Chile y Máster de la Universidad Politécnica de Cataluña y el Centro de Cultura Contemporánea de Barcelona (CCCB). Es cofundador de la Escuela de Arquitectura de la Universidad de Talca, donde es profesor de diversos cursos de pregrado. Su taller "Intervenciones domésticas" fue galardonado recientemente en la Bienal Iberoamericana de Arquitectura y Urbanismo (BIAU). Obras desarrolladas con estudiantes de último año de Arquitectura recibieron el premio Archiprix en 2013 y 2017 así como el Young Talent Architecture Award en 2020. Un número significativo de trabajos ha sido publicado y exhibido en diversos eventos disciplinarios. Ha sido profesor invitado tanto en América Latina como en Europa. Fue el primer profesor visitante en la Escuela de Arquitectura de Interiores en la Universidad de Tennessee-Knoxville.

Es director del Seminario de Arquitectura del Territorio al Detalle. Fue asesor de arquitectura para el pabellón de Chile en la 15 Mostra Internacionale di Architettura di Venezia. Es autor de varias publicaciones, entre las que destaca la reciente publicación del libro *Del territorio al detalle* (Ed. Bifurcaciones, 2022) premiado en la Bienal Iberoamericana de Arquitectura BIAU 2022.

www.delterritorioaldetalle.cl

Experimental approaches and new design possibilities

01

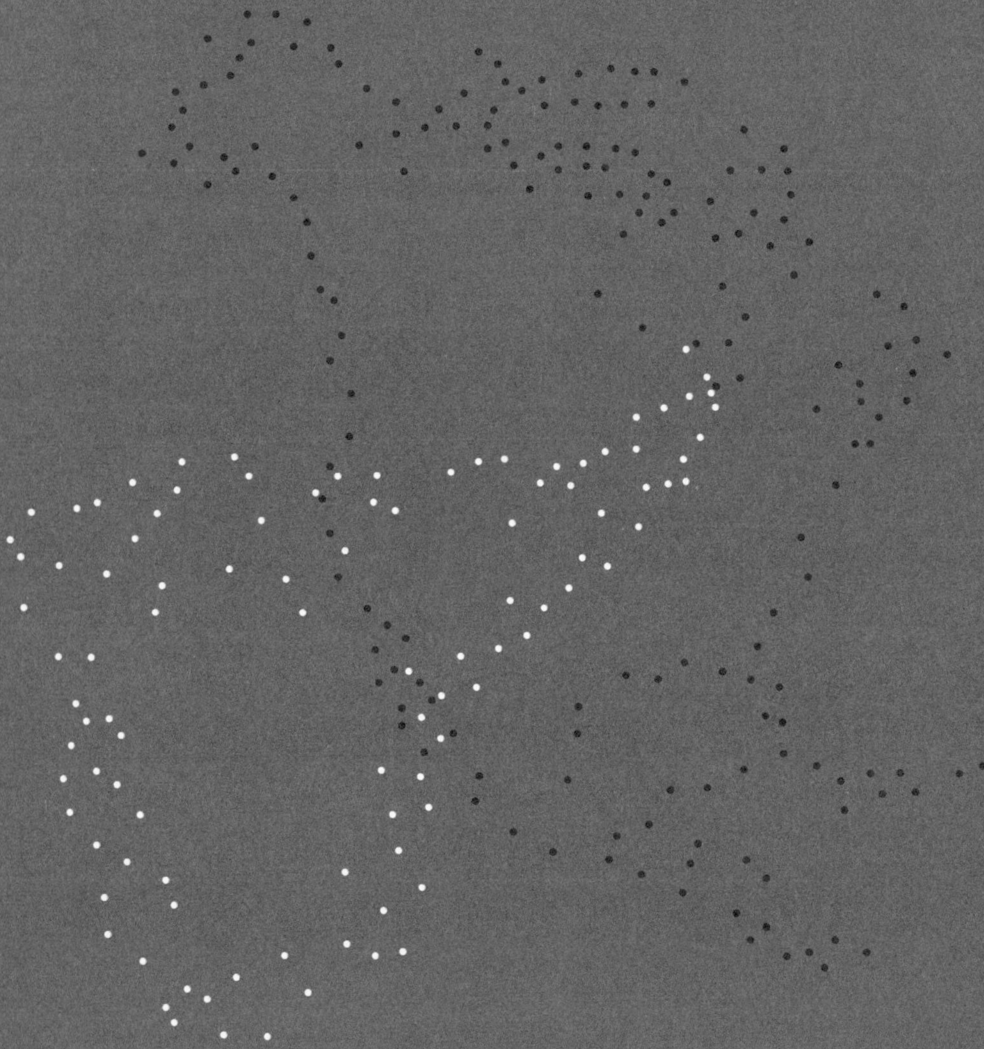

MARCELA GODOY

Enfoques experimentales y nuevas posibilidades de diseño

When I was a kid I really wanted to be a gymnast. All the games I used to play with my cousins and friends were sport-related. Like, triathlon, and biking. I was born in Chile, where I lived until I went to grad school. I finished high school at 16 years old. You can imagine how hard it is to choose at that age what you want to do for the rest of your life. At that time, I was good at math and arts. But, I decided to drop my interest in the latter, because it was not profitable in Chile. I decided to study engineering, but I never felt completely comfortable. At that time, women studying engineering were a minority. A couple of years later, I decided to switch to architecture, where I was able to design, be creative, and make stuff, which excited me as much as sports did.

While studying architecture, I realized that I was an uncommon type of architect, because of my background in engineering. I could use my unique set of skills to create and also to explore new things in this field. I felt super attracted by the possibility applying technology to architecture, more than

---

Cuando era niña, en verdad quería ser gimnasta. Todos los juegos que solía jugar con mis primos y amigos estaban relacionados con el deporte. Cosas como el triatlón, andar en bicicleta y muchas otras de ese tipo me apasionaban. Nací en Chile y viví allí hasta que terminé la universidad. Salí de la escuela secundaria a los dieciséis años. Pueden imaginar ustedes lo difícil que es elegir, a esa edad, qué quiere hacer uno por el resto de su vida. Se me daban bien las matemáticas y las artes. Pero decidí dejar de lado mi interés en lo segundo, porque no era rentable en Chile, o al menos así lo consideraba yo. Decidí estudiar Ingeniería, pero nunca me sentí completamente cómoda con mi decisión. En ese momento, las mujeres que estudiaban esa carrera eran una minoría. Un par de años después opté por moverme a Arquitectura, donde pude diseñar, ser creativa y hacer cosas, algo que realmente me apasiona tanto como el deporte.

Mientras estudiaba Arquitectura, me di cuenta de que yo era un tipo de arquitecta poco común, porque había estudiado Ingeniería antes. Podía usar mi conjunto de habilidades para crear y también para explorar nuevas cosas

doing, let's say, traditional architecture. When I had to do my capstone, I really wanted to do something different, something new and innovative. I started investigating new construction systems and trying to find a way to make them really light, but strong. At first I thought of containers, that was my starting point. The walls are made of a thin sheet of metal, but if you fold them, you can make them pretty strong. So, I started investigating this, which then led me to an investigation on origami. And I ended up proposing a building that could move and transform really quickly. That led me to the events happening in the city. The capstone ended up being innovative at that time and was considered a ground breaker in architecture. It was selected as one of the top 16 capstones among all the schools of architecture in Chile.

I used only three panels to create structures that could take different shapes and forms. They could move and transform. I also incorporated mechanisms to these structures. I tried to design the mechanism by

---

en este campo. Me sentí super atraída por la posibilidad de usar la tecnología en la arquitectura, más que hacer arquitectura —digamos— tradicional. Entonces, cuando tuve que encargarme de mi proyecto final, de verdad quería hacer algo diferente, algo innovador. Comencé a investigar nuevos sistemas de construcción y estuve tratando de encontrar una forma de hacerlos realmente ligeros, pero fuertes. Al principio pensé en contenedores, ese fue mi punto de partida. Las paredes están hechas de una lámina delgada de metal, pero cuando las doblas puedes hacerlas bastante fuertes. Investigué esto y luego me llevó al origami. Y terminé proponiendo un edificio que podría moverse y transformarse muy rápido. De ahí pasé a los eventos que ocurren en la ciudad. Y, sí, el proyecto final fue innovador en ese momento y se consideró que tenía un carácter pionero para la arquitectura, siendo seleccionado como uno de los dieciséis mejores proyectos finales entre todas las escuelas de arquitectura en Chile.

Utilicé solo tres paneles para crear las estructuras que podían tomar diferentes formas. Podían moverse y transformarse. Incorporé mecanismos a

1.

2.

myself but I didn't know much about that stuff, because when we study architecture, everything is static. Nothing really moves. One thing that I always remember is that it took me about a month to develop one of the mechanisms, and I didn't have much time left because I needed to finish my capstone. I went to ask a mechanical engineer how to solve the other mechanism I needed, and he was able to make it in, like, 10 or 15 minutes, something like that. I was amazed one could learn all this different stuff in mechanics, but moreover that one might be able to incorporate this knowledge into architecture to make new things or propose new ideas.

After graduation, I knew I didn't want to work as a traditional architect in an office, but I needed to find a way to make money. So, I started my own company as a bag designer. I have to recognize I'm not a business person. I'm super bad at it. But I always liked fashion design and this, for me, was a design challenge. In this design challenge, I wanted everything in the bag to be useful, but also fashionable and fun. I created these reversible bags:

---

estas estructuras. Yo estaba tratando de diseñar el mecanismo, pero no sabía mucho sobre eso. Porque cuando estudiamos arquitectura, todo es estático. Nada se mueve. Una cosa que siempre recuerdo es que me llevó un mes desarrollar uno de los mecanismos, y no tenía mucho tiempo porque necesitaba terminar mi proyecto final. Fui a preguntarle a un ingeniero mecánico cómo resolver el otro mecanismo que necesitaba. Y él fue capaz de hacerlo en diez o quince minutos. Me quedé asombrada de que se pudiera aprender todas estas cosas diferentes sobre mecánica. Pero también podrías ser capaz de incorporar este conocimiento en arquitectura y hacer cosas nuevas o proponer nuevas ideas.

Después de graduarme, sabía que no quería trabajar como arquitecta tradicional en una oficina. Pero necesitaba encontrar una forma de ganar dinero. Así que empecé mi propia empresa como diseñadora de bolsos. Tengo que reconocer que no soy buena para los negocios. Soy súper mala en eso. Pero siempre me ha gustado la moda, y esto, para mí, fue un desafío de diseño. En este desafío de diseño, quería que todo en el bolso fuera útil pero también a la moda

on one side they had a face, and on the other side regular bags. This was a way to create a design project by myself and make some money. I was freelancing at the same time, and I was interested in technology. That's why I started working with web design, because I wanted to know more about programming.

I also wanted to know more about how to make things move, so, I started learning about microcontrollers and coding. In 2009, I was awarded with a Chilean government scholarship, and I was later admitted to start grad school at NYU in the Interactive Telecommunications. I learned Arduino processing and many other things that I now incorporate into architecture. The most important thing I learned was that I didn't want to create to make money. I wanted to create so I could use technology from a critical perspective, and I also wanted to communicate things.

After grad school, I worked in an art studio called YesYesNo. In this studio I worked in several interactive commercial and art projects. I'm

---

y divertido. De modo que creé estos bolsos reversibles. En un lado tenían una cara y en el otro lado eran bolsos normales. Fue una forma de crear un proyecto de diseño por mí misma y obtener algo de dinero. En paralelo estaba trabajando en otras cosas, como *freelance*, y sobre todo me interesaba la tecnología. Por eso empecé a trabajar con diseño web, porque quería saber más sobre programación.

También quería saber más sobre cómo hacer que las cosas se muevan. Pensando en eso me dediqué a aprender microcontroladores y codificación. En 2009 fui premiada con una beca del Gobierno chileno. Y más tarde fui admitida en el posgrado de NYU, en el programa de Telecomunicaciones Interactivas. Ahí aprendí Arduino y Processing y muchas otras cosas que incorporé a la arquitectura. Lo más importante que aprendí es que no quería crear solamente para ganar dinero. Quería crear y usar la tecnología desde una perspectiva crítica y, también, quería comunicar.

Después del posgrado trabajé en un estudio de arte llamado YesYesNo. En este estudio intervine en varios proyectos comerciales y artísticos interactivos,

3.

4.

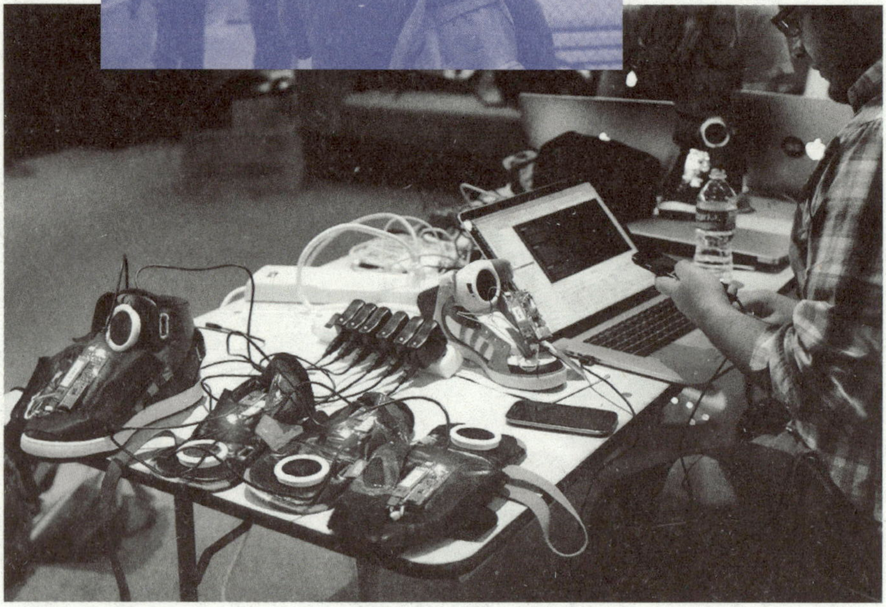

5.

going to talk about three of them. The first one was an advertising project exhibited in Side-by-Side West in 2013, and also, in the Cannes Lions Festival in France. It was an interactive shoe.

The shoe was an experiment for Google. They wanted to try wearables, and they asked us to create a shoe that could sense movement and give you some feedback about that.

We did another project for an organization led by Michelle Obama. We needed to create an interactive fountain to encourage people to drink water.

We created a water fountain that looks just like an ordinary water fountain, except that it's designed with a new technology. When your lips touch the water, it completes the circuit and triggers pre-recorded audio and every time your lips move away from the water, audio immediately stops.

The next project was the first I worked on for this company. It was for the London 2012 festival, during the Olympic Games. The project is called Connecting Lights and explored ideas of borders and connection

---

de los cuales voy a mostrar tres. El primero es un proyecto publicitario exhibido en South by Southwest, en 2013. Y también en el Festival de Cannes Lions en Francia. Era un zapato interactivo.

El zapato fue un experimento de Google. Querían probar dispositivos vestibles. Nos pidieron crear este zapato que pudiera detectar el movimiento y darte información al respecto.

Otro proyecto que hicimos fue para una organización liderada por Michelle Obama. Necesitábamos crear una fuente interactiva para animar a la gente a beber agua.

Creamos una fuente de agua que se veía en efecto como eso, una fuente de agua ordinaria, excepto que estaba diseñada con una nueva tecnología. Cuando tus labios tocan el agua, completa el circuito y se activa un audio pregrabado, y cada vez que tus labios se alejan del agua, el audio se detiene de inmediato.

El siguiente es el primer proyecto en el que trabajé con ellos en esta empresa. Fue un proyecto para el festival de Londres 2012, durante los Juegos Olímpicos.

through a landscape art installation: 400 weather balloons of two meters in diameter, each one equipped with LED lights driven by radio devices, to illuminate a monument: Adrian's Wall. They hired me because they didn't know how to design the structure for the 400 balloon installation, and they needed someone to train people—volunteers—in different locations in UK.

This was a pretty interesting project. But what caught my attention was the fact that this exhibition lasted for only three days. After that, we packed it up and we left everything in a storage place. More than 400 customized electronic boards became electronic waste in a matter of days. I had noticed this problem when I was a graduate student but, after this, I realized that we generate a huge amount of electronic waste, especially when we work in technology. After doing some research, I found that nearly 50 million tons of electronic trash are generated around the world every year. A large portion of these materials are considered garbage but, in fact, they are not. Trying to find a new use for these discarded

---

Se llamó Connecting Lights y exploró ideas de fronteras y conexión a través de una instalación de arte paisajístico: cuatrocientos globos meteorológicos de dos metros de diámetro, cada uno equipado con luces LED controladas por dispositivos de radio. Estas luces iluminaron un monumento, el Muro de Adriano. Me contrataron porque no sabían cómo diseñar la estructura para la instalación de los cuatrocientos globos. Necesitaban a alguien para capacitar a personas, voluntarios en diferentes lugares del Reino Unido.

Lo que llamó mi atención sobre el proyecto que vemos ahora fue el hecho de que la exposición durase solo tres días. Luego empacamos y dejamos todo en un lugar de almacenamiento. Más de cuatrocientos tableros electrónicos personalizados se convirtieron en desechos electrónicos en cuestión de días. Ya había notado este problema cuando era estudiante de posgrado, y después me fui dando cuenta de que generamos una enorme cantidad de desechos electrónicos, especialmente cuando trabajamos en tecnología. Tras algunas investigaciones, descubrí que cada año se generan cerca de cincuenta millones

6.

7.

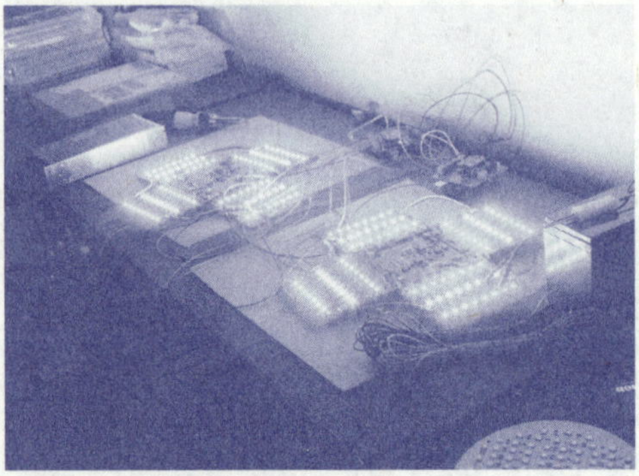

8

9.

10.

electronics, I started a project rescuing and transforming electronic cables into an object that can be used in your daily life with a whole new meaning. Later, while I was an artist in residence at LES Ecology Canter in Brooklyn, I created a collection of these necklaces that, for me, more than a product, they are a statement.

Trash is now a piece of jewellery. Completely the opposite. I understand that there is a problem here and my way to do something about it is going against an economic system, and create an idea instead of a product. I mentioned that I'm pretty bad at business. So, for me, creating this was more than a product. This was an idea that I put online, an open-source idea, which democratized the manufacturing through workshops and tutorials to teach people how to make their own products. This encouraged them to upcycle their own electronic waste, and empowered them to do something about this problem too. I wanted people to reflect also on their perception of trash.

---

de toneladas de basura electrónica en todo el mundo. Gran parte de estos materiales se consideran basura pero, de hecho, no lo son. Así que, tratando de encontrar un nuevo uso para estos electrónicos desechados, comencé a rescatar y transformar cables en un objeto que se pudiera usar en nuestra vida diaria, con un nuevo significado. Más tarde fui artista residente en el Centro de Ecología LES en Brooklyn, y creé una colección de estos collares que, para mí, más que un producto, son una declaración.

La basura ahora es una joya. Completamente lo opuesto a la norma. Entiendo que hay un problema aquí, y mi forma de hacer algo al respecto es ir en contra de un sistema económico y crear una idea en lugar de un producto. Mencioné que soy bastante mala en los negocios. Entonces, para mí, crear esto fue más que un producto. Fue una idea que publiqué en línea, una idea de código abierto, que democratizó la creación a través de talleres y tutoriales para enseñar a la gente cómo hacer sus propios productos, alentando a reciclar los

After I moved to China, I couldn't find as much electronic waste anymore because people recycle it there, so I couldn't continue that project. Instead, I found myself surrounded by plastic trash. And again, I wanted to do something about that. Working as a faculty member, I found an opportunity to reach out to more people and raise awareness about the trash problem. I think schools are the perfect places to spread the word about social issues and educate people about ways they can make a difference. I joined forces with a professor from the visual arts department. We were awarded with a green grant from NYU to start a lab that is called Remaker Space, where we work with recycled materials, but we investigate new and more sustainable alternatives to plastic as well. We also collaborate with partner institutions and communities in Shanghai. In this place, I also teach a class that is called Re-made in China, in which we use the lab to work on projects for the Chinese community.

---

propios desechos electrónicos. Y también da poder para hacer algo al respecto. Quería además que la gente reflexionara sobre su percepción de la basura.

Tras mudarme a China, ya no pude encontrar tantos desechos electrónicos, porque allí la gente los recicla. No pude continuar con ese proyecto, pero en cambio me encontré rodeada de basura plástica, y de nuevo quise hacer algo al respecto. Como miembro de la facultad, encontré una oportunidad para llegar a más personas y crear conciencia sobre el problema de la basura. Porque creo que las escuelas son lugares perfectos para difundir la palabra sobre temas sociales, educar a las personas sobre formas en que pueden marcar la diferencia. Me uní a un profesor del departamento de artes visuales. Fuimos premiados con una subvención ecológica de NYU para comenzar un laboratorio llamado Remaker Space, que en el fondo es un espacio donde trabajamos con material reciclado pero donde a la vez investigamos nuevas y más sostenibles alternativas al plástico. Además colaboramos con instituciones asociadas y comunidades en Shanghái. En este lugar también

I mentioned before that I've always been interested in fashion, and last year I offered this course on interactive fashion, that I also mention in the spring semester. I think technology is allowing us to see our clothing as an extension of our bodies, an extension acting as a system that can react, collect information, and augment actions with space and people. Historically, what we wear has been used to express identity and other complex issues related to class, race, ethnicity, gender, and sexuality. In this course, students learn computation design, digital fabrication, robotics, electronics, and they propose new wearables to speculate on the future of human existence, and explore the limits of the human body.

The first time that I was teaching this class, the lockdown in Shanghai happened, so I had to teach by augmented reality. And for that, I needed first to learn augmented reality by myself. I used my 3D modelling skills, though Rhino, Grasshopper, and students designed wearables in a 3D model. Then

---

enseño una clase que se llama Re-Made in China, y ahí usamos el laboratorio pensando en proyectos para la comunidad de ese país.

Mencioné que siempre he estado interesada en la moda. El año pasado ofrecí este curso de moda interactiva, del que también hablo en el semestre de primavera. Creo que la tecnología nos permite ver nuestra ropa como una extensión de nuestros cuerpos, una extensión que actúa como un sistema capaz de reaccionar, recopilar información y aumentar las acciones con el espacio y las personas. Históricamente, lo que vestimos se ha usado para expresar identidad y otros temas complejos relacionados con clase, raza, etnia, género y sexualidad. En este curso los estudiantes aprenden diseño computacional, fabricación digital, robótica, electrónica, y proponen nuevos dispositivos vestibles para especular sobre el futuro de la existencia humana y explorar los límites del cuerpo.

La primera vez que hice esta clase ocurrió el confinamiento por la pandemia, en Shanghái, y tuve que enseñar por realidad aumentada. Para eso necesitaba,

we moved the 3D models, and we rigged them so they can move according to the movements of the body, so they could be used as Snapchat filters.

I was really considering teaching another class focused on digital fashion, using AR, and maybe artificial intelligence technology, after what I learned during lockdown. But I did a little bit of research, and reflected on the purpose of digital fashion, and why this market is growing so fast. Some people say that digital is more sustainable, but I'm not completely sure about that. For example, the NFT is something that people are using when they create digital fashion. And this model consumes a lot of energy, the system itself involves a network of computers that use advanced cryptography to decide whether the transactions are valid. This process is called mining, and it uses enough energy to power a small country. ArtStation, an online marketplace for digital arts, cancelled their plan to launch a new platform for NFTs within hours of announcing it after getting a lot of backlash from people who think dealing with crypto art is environmentally unethical.

---

primero, aprender realidad aumentada por mí misma. Usé mis habilidades de modelado 3D, utilizando Rhino, Grasshopper, y los estudiantes diseñaron dispositivos vestibles en un modelo 3D. Luego movimos los modelos 3D, los riggeamos para que pudieran ser animados según los movimientos del cuerpo y, por último, pudieron usarlos como filtros de Snapchat.

Estuve considerando enseñar otra clase centrada en moda digital, usando realidad aumentada, y tal vez con tecnología de inteligencia artificial, después de lo que aprendí durante el confinamiento. Pero hice un poco de investigación y reflexioné sobre el propósito de la moda digital y por qué este mercado está creciendo tan rápido. Algunas personas dicen que lo digital es más sostenible, pero no estoy completamente segura al respecto. Por ejemplo, las NFT son algo que la gente está usando cuando crea moda digital. Y este modelo consume mucha energía, dado que el sistema implica una red de computadoras que utilizan criptografía avanzada para decidir si las transacciones son válidas. Este proceso se llama minería y emplea energía

11.

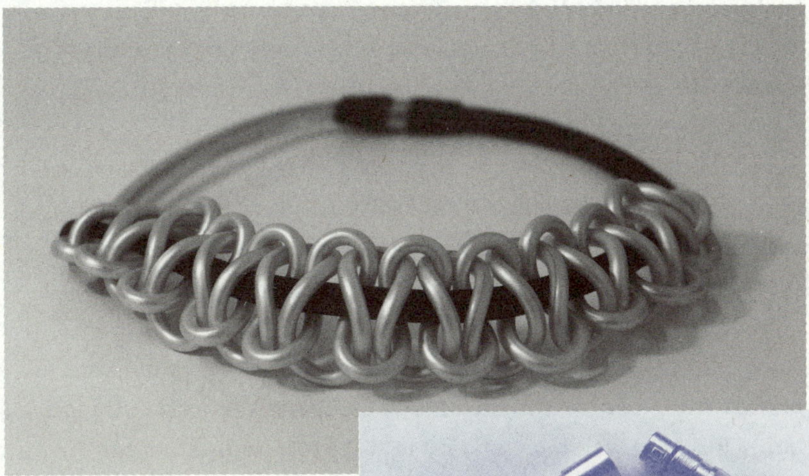

12.

13.

Artists called NFTs an ecological nightmare, pyramid scheme, and ArtStation's plan to offset emissions, they said, was a scam.

Another reason for creating digital fashion is to use it in new platforms like the metaverse. People design wearables to use there. I think technology is allowing us to create new possibilities in design, shaping the future, but a lack of diversity in tech can shape a future that we don't want. For example, the artificial intelligence systems are many times developed by teams that lack diversity, therefore embedding distorted worldviews and stereotypes that reinforce traditional gender roles. It took 60 seconds for a woman to be sexually assaulted in the metaverse. And so, with all this information that I started finding, I asked myself, do we really want to see the world through a screen? Is the future completely relying on digital interaction? On a more personal note, do I want to teach my students how to make money or how to be ethical when they use technology? I want my students to be responsible and ethical. I think everyone should

---

a la escala de un país pequeño. ArtStation —un mercado en línea para artes digitales— canceló su plan de lanzar una nueva plataforma para NFT en cuestión de horas, después de recibir muchas críticas de personas que piensan que lidiar con artes criptográficas es ambientalmente poco ético. Los artistas llamaron a las NFT una pesadilla ecológica, un esquema piramidal. Y el plan de ArtStation para compensar las emisiones era un engaño, decían.

Otra razón para crear moda digital es usarla en nuevas plataformas como el metaverso. Las personas diseñan dispositivos vestibles para usar allí. Creo que la tecnología nos está permitiendo crear nuevas posibilidades en el diseño, dando forma al futuro, pero la falta de diversidad en la tecnología puede dar forma a un futuro que no queremos. Por ejemplo, los sistemas de inteligencia artificial a menudo son desarrollados por equipos que carecen de diversidad, y por lo tanto incorporan visiones del mundo distorsionadas y estereotipos que refuerzan roles de género tradicionales. Toma sesenta segundos para que una mujer sea agredida sexualmente en el metaverso. Y

be conscious about their decisions when making things. I wanted to develop a course that taught them how to make responsible choices, think critically, and experiment with what they have available, because I think it's important to learn about materials and also about the consequences of building and making things. Maybe they can create their own materials if they are working with physical stuff.

If you look at nature, for a billion years plants and animals have evolved to make materials with a particular set of ingredients that other organisms know how to source. They use it, they break it down, and they use it again. So, imagine all our materials are nutrients. This is something that I think about because I'm an architect, and I design things that are going to exist not only on the screen. I work a lot with materials, and I work a lot with electronics as well, but I also see how much trash we are producing, or in the case of digital art, digital projects, how much energy we are consuming. So, I think something pretty important in my work is collaboration.

---

así, con toda esta información que comencé a encontrar, me pregunté: ¿En serio queremos ver el mundo a través de una pantalla? ¿El futuro depende por entero de la interacción digital? Y otra pregunta más personal fue: ¿Quiero enseñarles a mis estudiantes cómo ganar dinero o cómo ser éticos cuando usan tecnología? Lo que quiero que mis estudiantes hagan es ser responsables y éticos. Creo que todos deberían ser conscientes de sus decisiones al hacer cosas. Mi intención era desarrollar un curso que les enseñara cómo tomar decisiones responsables, cómo pensar críticamente y experimentar con lo que tienen disponible. Porque creo que es importante aprender sobre materiales y también sobre las consecuencias de construir y hacer cosas. Tal vez puedan crear sus propios materiales si están trabajando con cosas físicas.

Si vemos en la naturaleza, durante mil millones de años las plantas y los animales han evolucionado para hacer materiales con un conjunto particular de ingredientes que otros organismos saben cómo obtener. Lo usan, lo descomponen y lo vuelven a usar. Imaginemos que todos nuestros materiales

I have been learning so much and I have been able to accomplish several of my ideas through collaborating with others. When you think of climate change, for example, and all the environmental problems caused by the trash that we are producing, it's hard to find a solution that we can carry out on our own. Because individually, we can't change the world, but small steps can be multiplied by millions, and we all need to go through a fundamental shift in our economies and our habits as a society to make a change. Collaboration is super important in all of my projects, starting from when I was doing my capstone. I went to talk to a mechanical engineer, and he helped me with that. Now that I'm working in the school I collaborate with communities, even without speaking Chinese, just by the work we make, which is another way of communicating something: making things.

I created this class that I mentioned before, Re-Made in China, where students work with local communities to investigate how they manage

---

fueran nutrientes. Es algo en lo que suelo pensar porque soy arquitecta y diseño cosas que van a existir no solo en la pantalla. Trabajo mucho con materiales y con electrónica, pero también veo cuánta basura estamos produciendo o, en el caso del arte y los proyectos digitales, cuánta energía estamos consumiendo. Entonces creo que algo bastante importante en mi trabajo es la colaboración.

He aprendido y llegado a varias de mis ideas colaborando con otros. Cuando pensamos en el cambio climático y todos los problemas ambientales causados por la basura que estamos produciendo, es difícil encontrar una solución que podamos llevar a cabo por nuestra cuenta, como individuos. Porque individualmente no podemos cambiar el mundo, pero pequeños pasos pueden multiplicarse por millones y todos necesitamos pasar por un cambio fundamental en nuestras economías y nuestros hábitos como sociedad para hacer un cambio. La colaboración es súper importante en todos mis proyectos. Desde que estaba haciendo mi proyecto final en la universidad, fui a hablar con un ingeniero mecánico, y él me ayudó con eso. Ahora que trabajo en la escuela,

their waste and also explore innovative ways to transform discarded materials or products around us into something new and precious in areas such as art, graphic and industrial design, architecture, fashion and others. Students also develop a critical understanding of sustainability and they learn how traditional techniques and technologies can be used together with a sustainable design philosophy as powerful tools for addressing social and environmental problems. I think my mission as an educator is to provide a foundation for the student development of environmental values to become responsible artists and designers for the future. Actually one of the goals of the program where I work is to provide students with knowledge and tools to change the world.

Last semester, I was able to teach the class like had originally planned: the students created interactive wearables and used them for microcontrollers, motors, so it was like my original idea that the wearables can be an extension of your body. This actually is also called

---

colaboro con comunidades, incluso sin hablar chino, solo por el trabajo que hacemos, que es otra forma de comunicar algo: hacer cosas.

Creé esta clase que ya mencioné, Re-Made in China, en la que los estudiantes trabajan con comunidades locales e investigan cómo manejar sus desechos y exploran formas innovadoras de transformar materiales o productos desechados a nuestro alrededor en algo nuevo y precioso, en áreas como arte, diseño gráfico e industrial, arquitectura y moda. Los estudiantes también desarrollan una comprensión crítica de la sostenibilidad y aprenden cómo las técnicas y tecnologías tradicionales, junto con una filosofía de diseño sostenible, pueden ser utilizadas como herramientas poderosas para abordar problemas sociales y ambientales. Creo que mi misión como educadora es proporcionar una base para el desarrollo de valores ambientales en los estudiantes, buscando que se conviertan en artistas y diseñadores responsables para el futuro. Y, en realidad, uno de los objetivos del programa donde trabajo es proporcionar a los estudiantes conocimientos y herramientas para cambiar el mundo.

"body architecture", because you need to work with space, with the body, and it's the same as designing a building, but the scale changes. It is also something that we can use to interact with the world, with other people, and to communicate things through the wearables that we are using.

I wanted to end with this quote from video artist Barbara Sykes-Dietze: "Women naturally organize for life and work towards balance and restoration. We have been leading this work from the beginning. The art of our work, the wisdom of our approach, the skill of our process is the way forward." This is very important for reflecting on how we use technology and considering how, through it, we can change the world.

El semestre pasado pude enseñar la clase como lo planeé originalmente: los alumnos crearon dispositivos vestibles que son interactivos y los usaron para microcontroladores, motores. Fue como mi idea original de que los dispositivos vestibles pueden ser una extensión del cuerpo. Esto también se llama "arquitectura del cuerpo", porque necesitas trabajar con el espacio y con el cuerpo. Es lo mismo que diseñar un edificio, aunque la escala cambia. Lo podemos usar para interactuar con el mundo, para interactuar con otras personas. Y a través de estos dispositivos vestibles podemos comunicar cosas.

Quería terminar con esta cita de la artista de video Barbara Sykes-Dietze:

"Las mujeres naturalmente se organizan para la vida y trabajan para el equilibrio y la restauración. Hemos estado liderando este trabajo desde el principio. El arte de nuestro trabajo, la sabiduría de nuestro enfoque, la habilidad de nuestro proceso es el camino a seguir". Esto es muy importante para pensar cómo usamos la tecnología y para considerar cómo mediante ella podemos cambiar el mundo.

Marcela Godoy

She is practice-based researcher who utilizes critical making and fabrication technologies to explore new architectural possibilities, promote social reflection, and propose unique solutions to environmental challenges. With a background in architecture and interaction design, her work takes a wide range of research and form. Godoy is particularly interested in adapting architecture and body architecture in response to human behavior and the environment. She applies computational design and critical making to explore the amalgamation of digital and crafting techniques, resulting in interactive and kinetic structures, wearables, data physicalization, toys, and upcycled artifacts. Additionally, she has extensive research and experience in creating interactive projects both in the art and commercial industry. Godoy's current research focuses on working with discarded materials to design artifacts using digital and analog machinery with low environmental impact.

Es una investigadora basada en la práctica que utiliza la fabricación crítica y las tecnologías de fabricación para explorar nuevas posibilidades arquitectónicas, fomentar la reflexión social y proponer soluciones únicas a desafíos medioambientales. Con formación en arquitectura y diseño de interacción, su trabajo abarca una amplia gama de investigación y formas. Godoy está especialmente interesada en adaptar la arquitectura y la arquitectura corporal en respuesta al comportamiento humano y al entorno. Aplica el diseño computacional y la fabricación crítica para explorar la fusión de técnicas digitales y artesanales, creando estructuras interactivas y cinéticas, vestibles, objetos de visualización de datos, juguetes y artefactos reciclados. Además, cuenta con una amplia investigación y experiencia en la creación de proyectos interactivos tanto en el ámbito artístico como en la industria comercial. La investigación actual de Godoy se centra en trabajar con materiales desechados para diseñar artefactos mediante maquinaria digital y analógica con bajo impacto ambiental.

www.godoymarcela.com

Table of images
Índice de imágenes

1. Ameliechucky's bags | Marcela Godoy | 2007
A mixture between two concepts and a combination between two opposite extremes, that conveys an ironic sense of humor, with which she feels represented.
Una mezcla entre dos conceptos y una combinación de dos extremos opuestos, que transmite un sentido de humor irónico con el cual ella se siente representada.

2. Ameliechucky's bags | Marcela Godoy | 2007
Zipper detail like a mouth.
Detalle de cremallera en forma de boca.

3. Google: art, copy & code | YesYesNo | 2013
The Talking Shoe is an interactive shoe designed to motivate its owner to move.
El Talking Shoe es un zapato interactivo diseñado para motivar a su dueño a moverse.

4. Google: art, copy & code | YesYesNo | 2013
Includes an accelerometer, gyroscope, three pressure sensors and Bluetooth capability. The electronics allow to measure movement and the speaker tells the user pre-recorded phrases.
Incluye un acelerómetro, giroscopio, tres sensores de presión y capacidad Bluetooth. La electrónica permite medir el movimiento y el altavoz reproduce frases pregrabadas para el usuario.

5. Google: art, copy & code | YesYesNo | 2013
I was in charge of designing how to integrate electronics into the shoe.
Estuve a cargo del diseño de la integración de la electrónica en el zapato.

6. Drink up fountain | YesYesNo | 2013
The Drink Up Fountain dispenses entertaining greetings and compliments intended to entice the drinker to continue sipping.
Dispensa saludos y cumplidos divertidos con la intención de atraer al bebedor a seguir tomando agua.

7. Drink up fountain | YesYesNo | 2013
When a drinker's lips touch the water, the fountain "talks," completing a circuit and activating speakers.
Cuando los labios del usuario tocan el agua, la fuente "habla", completando un circuito y activando los altavoces.

8. Connecting light | YesYesNo | 2012
We explored opposing ideas of borders and connection through landscape art installation
Exploramos ideas opuestas sobre fronteras y conexión a través de una instalación de arte en el paisaje.

9. Connecting light | YesYesNo | 2012
I developed and calculated the physical part of the project, designing and fabricating customized 3D printed pieces.
En este proyecto, desarrollé y calculé la parte física, diseñando y fabricando piezas personalizadas en impresión 3D.

10. Interactive fashion

| Marcela Godoy | 2023

Technology is allowing us to see our clothing as an extension of our bodies.

La tecnología nos permite ver nuestra ropa como una extensión de nuestros cuerpos.

11. Elle | e-waste jewelry

| Marcela Godoy | 2015

Elle is a high-end fashion wearable made from electronic waste.

Se trata de una prenda de moda de alta gama hecha a partir de residuos electrónicos.

12. Elle | e-waste jewelry

| Marcela Godoy | 2015

I learned how to make different types of knots that are usually made using rope. These techniques can be replicated using wires and cables instead.

Aprendí a hacer diferentes tipos de nudos que normalmente se hacen con cuerdas. Estas técnicas pueden replicarse utilizando cables y alambres en su lugar.

13. Natural materials studio

| Marcela Godoy | 2023

Awarded with a Teaching Advancement Grant (TAG) from NYU, this is a collaboration with Monika Lin.

Premiado con una Teaching Advancement Grant (TAG) de NYU, este proyecto es una colaboración con Monika Lin.

Shifting modern paradigms: Design capabilities for leap changes in the 21st century

02

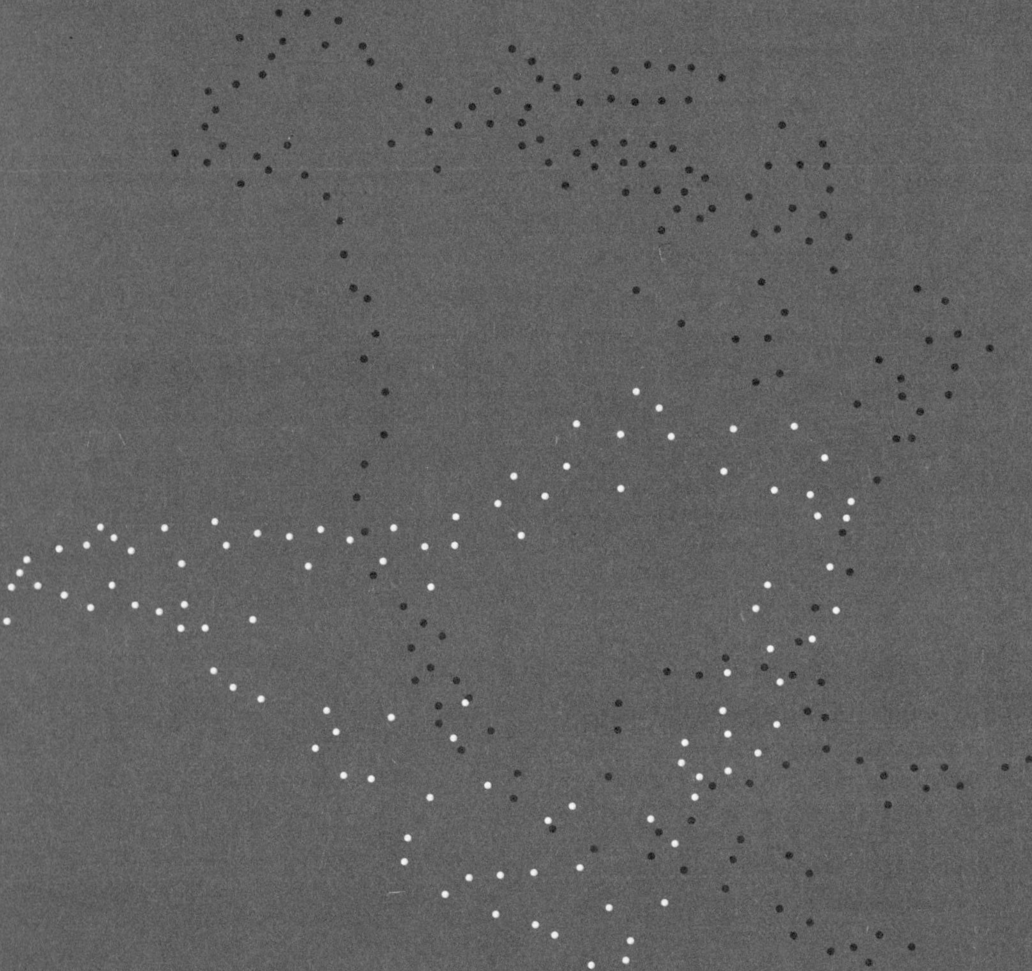

Cambiando paradigmas modernos: Capacidades de diseño para cambios radicales en el siglo XXI

ANDRÉ NOGUEIRA

The goal is to expand the notion of design and the practice of architecture beyond the creation of the built environment to understand and embrace the life and the social dynamics of those who inhabit the environments and the reasons why they do it. After all, we are expected to design these environments.

One can go back in history to see how people have approached design differently. Some people will look at it as a verb from a process perspective. Others will look at it as a noun, from a thing that it's designed. Some even use design as a qualifier or an adjective, for instance, "This is well-designed." In today's conversation, we will look at design from an action viewpoint, grounding the conversation in activities of making and using. We will start with a brief design history from this point of view and go deeper into more specific ideas.

Knowledge about how to make things has existed for thousands of years, with creators asking themselves questions like: What should I make? How should I make it? What are the best materials? How long will it last? As more

---

El objetivo es expandir la noción de diseño y la práctica de la arquitectura más allá de la creación del entorno construido para comprender y abrazar la vida y la dinámica social de quienes habitan los entornos y las razones por las que lo hacen. Después de todo, se espera que diseñemos estos entornos.

Uno puede retroceder en la historia para ver cómo las personas han abordado el diseño de manera diferente. Algunas personas lo verán como un verbo desde una perspectiva de proceso. Otros lo verán como un sustantivo, como una cosa que ya está diseñada. Algunos incluso usan el diseño como calificador o adjetivo: "Esto está bien diseñado". Hoy veremos el diseño desde un punto de vista de acción, fundamentado en actividades de creación y uso. Comenzaremos con una breve historia del diseño desde este punto de vista y profundizaremos en ideas más específicas.

El conocimiento sobre cómo hacer cosas ha existido durante miles de años, con los creadores haciéndose preguntas como ¿qué debo hacer?, ¿cómo debo hacerlo?, ¿cuáles son los mejores materiales?, ¿cuánto durará? A medida que

options started to come into people's lives, users, too, started asking new questions themselves. If before they were asking similar questions as the makers (because they were creators too), now they started to inquire about: What do I need to make my life easier, safer, and more enjoyable in this space? Would this be useful for me? For instance, if people needed warmer clothes, they would ask those sewing clothes for everybody in the village if these makers could improve their coats.

Around the 1850s, a significant shift occurred in the making and using paradigms. With the rapid advancement of new technologies during the Industrial Revolution, new ways of making and using were made possible. For instance, knowledge of how to make shoes existed in the minds of the shoemakers. The shoemaker's son or daughter would become the community's future shoemaker. With the Industrial Revolution, the knowledge once passed informally through generations

---

comenzaron a aparecer más opciones en la vida de las personas, los usuarios también comenzaron a hacerse nuevas preguntas. Si antes estuvieron haciendo preguntas similares a las de los creadores (porque también lo eran), ahora comenzaron a preguntarse: ¿Qué necesito para hacer mi vida más fácil, segura y placentera en este espacio? ¿Sería útil para mí? Por ejemplo, si las personas necesitaban ropa más abrigada, preguntarían a aquellos que cosían ropa para todos en el pueblo si estos fabricantes podrían mejorar sus abrigos.

Alrededor de 1850, ocurrió un cambio significativo en los paradigmas. Con el rápido avance de las nuevas tecnologías durante la Revolución Industrial, se hicieron posibles nuevas formas de hacer y usar. Por ejemplo, el conocimiento sobre cómo hacer zapatos existía en las mentes de los zapateros. El hijo o la hija del zapatero se convertirían en el futuro zapatero de la comunidad. Con la Revolución Industrial, el conocimiento que antaño se transmitía informalmente de generación en generación a través de relaciones mentor-aprendiz se incorporó a máquinas y tecnología.

1.

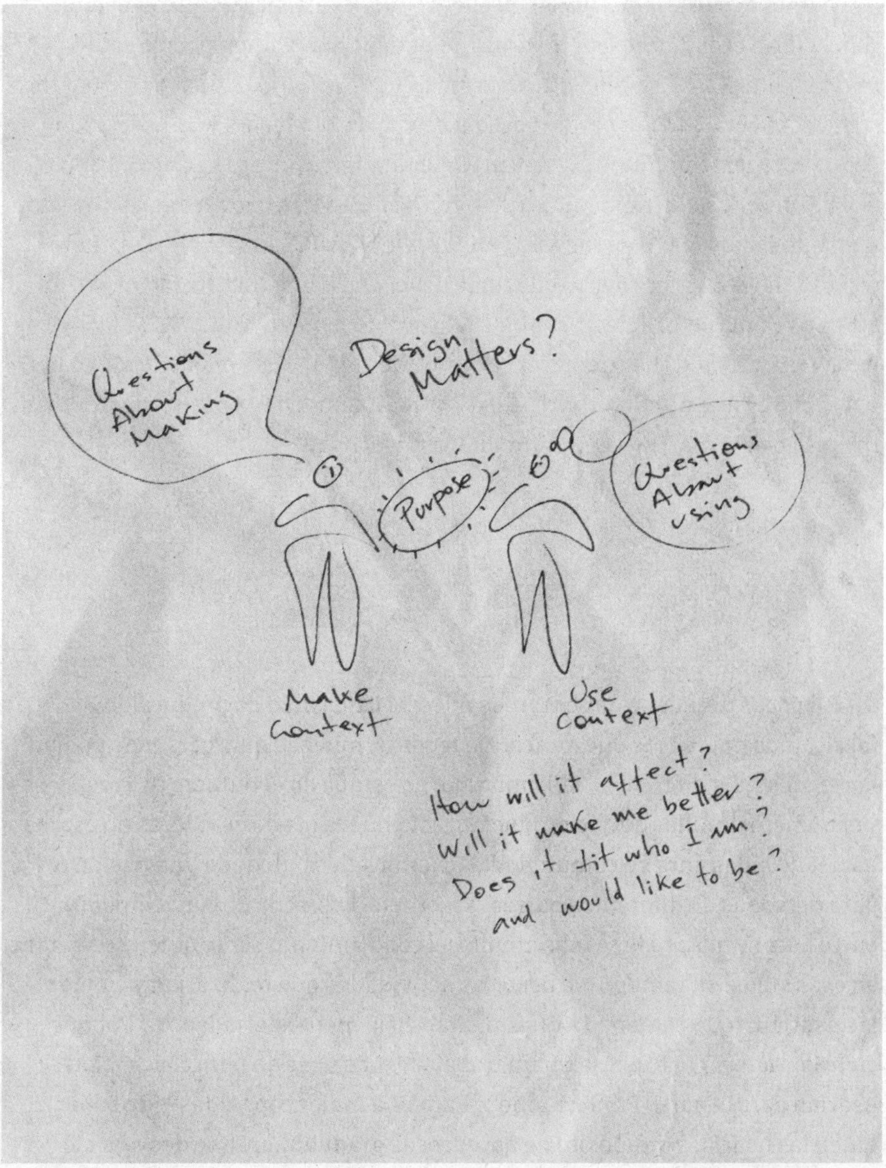
Questions About Making
Design Matters?
Purpose
Questions About using
Make Context
Use Context
How will it affect?
Will it make me better?
Does it fit who I am?
and would like to be?

via mentor-apprentice relationships became embedded into machines and technology.

Within a few decades, we grew our production capacity and made more things than ever before. For instance, suddenly, many more people could make chairs. The difference, however, was not the number of makers and the number of chairs being produced; this new wave of makers was not making chairs for their community. They made chairs for an entire nation or people from different countries. And with that, the make-use knowledge gap became wider: the knowledge about who would sit in those chairs, their size, their weight, the activities they would undertake, and when they would use it; all started to blur in the maker's mind. Why would it create value? Would they use it for work? Would they use it for sewing? Would they use it for eating dinner? Is it a child? Is it a woman with skirts? Without knowing who would use them, the purpose of making things gradually faded away.

En pocas décadas, aumentamos nuestra capacidad de producción y fabricamos más cosas que nunca. De repente, muchas más personas podían hacer sillas. La diferencia, sin embargo, no estaba en el número de creadores y el número de sillas que se producían; esta nueva ola de creadores no estaba haciendo sillas para su comunidad. Hicieron sillas para toda una nación o para personas de diferentes países. Y, con eso, la brecha de conocimiento entre hacer y usar se hizo más amplia: el conocimiento sobre quién se sentaría en esas sillas, su tamaño, su peso, las actividades que realizarían y cuándo las usarían, todo comenzó a difuminarse en la mente del creador. ¿Por qué crearían valor? ¿Las usarían para trabajar? ¿Las usarían para coser? ¿Las usarían para cenar? ¿Para un niño? ¿Para una mujer con faldas? Sin saber quién las usaría, el propósito de hacer cosas gradualmente se desvaneció.

La evolución del diseño industrial acompañó este proceso de estructurar el conocimiento de producción a lo largo del siglo XX. Con el tiempo, el diseño industrial se convirtió en una capacidad de las organizaciones, ya no en una

The evolution of industrial design accompanied this process of structuring production knowledge throughout the 20th century. Over time, industrial design became an organization's capability, not an individual ability. Individuals – by themselves – were not enough to make public toilets at the speed and quality that organizations could. And for organizations to produce things more efficiently, different parts of our production knowledge started to get compartmentalized and structured within organizations. Industrial design, for once, was compartmentalized in the product development sector, having little to no influence on the strategic and operational aspects of the organizations.

Within this new production environment and emerging consumption markets, designers had a new context, with new stimuli to advance their knowledge and practices. For instance, when organizations were trying to make old things look new, styling helped them gain a competitive advantage.

---

habilidad individual. Los individuos, por sí mismos, no eran suficientes para hacer baños públicos a la velocidad y calidad con que podían hacerlos las organizaciones. Y para que las organizaciones produjeran cosas de manera más eficiente, diferentes partes de nuestro conocimiento de producción comenzaron a ser compartimentadas y estructuradas dentro de estas organizaciones. El diseño industrial, por ejemplo, fue compartimentado en el sector de desarrollo de productos, teniendo poco o ningún impacto en los aspectos estratégicos y operativos de cada organización.

Dentro de este nuevo entorno de producción y mercados de consumo emergentes, los diseñadores tenían un nuevo contexto, con nuevos estímulos para avanzar en su conocimiento y sus prácticas. Cuando las organizaciones intentaban hacer que cosas antiguas parecieran nuevas, el estilo les ayudaba a obtener una ventaja competitiva. Sin embargo, mientras que el conocimiento sobre cómo hacer y vender cosas avanzaba, no podía decirse lo mismo sobre el uso. En una carrera por conquistar mercados emergentes, las organizaciones

However, while knowledge about making and selling things advanced, the same could not be said about using. In a race to conquer emerging markets, organizations became too focused on themselves, finding ways to increase their market share, gain more with less, and beat their competitors. And there were incentives for them to do that. For instance, in 1932, a policy created in the United Kingdom and adopted worldwide called "Plan obsolescence" incentivized organizations to make a good product look old and kill it before the end of its lifetime so people buy new things. How many of us today have a door in our house full of old electronics that we don't use? Old phones, old computers, old things that still work (or could work) but you don't know what to do with them. I must say that I have two or three of those in my drawer.

This is all part of a planned obsolescence. This policy was created to intensify financial flows and help economic growth, which became the new purpose of making things. As professionals, designers evolved their practices

---

se enfocaban demasiado en sí mismas, buscando formas de aumentar su participación en el mercado, obtener más con menos, y vencer a sus competidores. Y había incentivos para hacerlo. En 1932, una política creada en el Reino Unido y adoptada en todo el mundo llamada "obsolescencia planificada" incentivó a las organizaciones a hacer que un buen producto pareciera viejo y descontinuarlo antes del final de su vida útil para que las personas comprasen cosas nuevas. ¿Cuántos de nosotros tenemos un cajón en casa lleno de electrónicos viejos que no usamos? Teléfonos viejos, computadoras viejas, cosas viejas que aún funcionan (o podrían funcionar) pero no sabes qué hacer con ellas. Debo decir que tengo dos o tres de esos en mi cajón.

Todo esto es parte de una obsolescencia planificada. Tal política se creó para intensificar los flujos financieros y ayudar al crecimiento económico, lo que se convirtió en el nuevo propósito de hacer cosas. Como profesionales, los diseñadores evolucionaron en sus prácticas más allá del estilo para contribuir a la fabricación y configuración de mercados globales. Sin embargo, entender a

beyond styling to contribute to manufacturing and shaping global markets. Yet, understanding the users and their needs, although part of their expertise, was no longer part of their scope of practice. An example might be that we design products that cannot be disassembled in the US, leading to regular transfers of e-waste ships to China, India, and Brazil. This making paradigm evolved into a new context where decisions about the speed, scale, and scope of production activities belong to parts of organizations where designers are not involved.

Why does design matter in this context? Going back in the field's evolution, there are four primary key questions that designers have asked themselves over the years: What to make? Who is it for? Why will it create value? And how to make it? While these are basic questions, they are often forgotten, especially if one looks at their relationship. Let's unpack each one of them.

---

los usuarios y sus necesidades, aunque parte de su experiencia, ya no formaba parte de su alcance de práctica. Un caso podría ser que diseñamos productos que no se pueden desmontar en los Estados Unidos, lo que lleva a transferencias regulares de barcos de desechos electrónicos a China, India y Brasil. Este paradigma de hacer evolucionó hacia un nuevo contexto donde las decisiones sobre la velocidad, escala y alcance de las actividades de producción pertenecen a partes de las organizaciones donde los diseñadores no están involucrados.

¿Por qué importa el diseño en este contexto? Retrocediendo en la evolución del campo, hay cuatro preguntas clave, primarias, que los diseñadores se han hecho a lo largo de los años: ¿Qué hacer? ¿Para quién? ¿Por qué creará valor? ¿Cómo hacerlo? Si bien estas son preguntas básicas, a menudo se olvidan, especialmente si se observa su relación. Desglosemos cada una de ellas.

"¿Qué hacer? " se trata de tus ofertas: los productos, entornos, mensajes y servicios que haces. "¿Para quién?" se trata de las personas, tus usuarios, tus mercados y tu audiencia, según cómo uno vea a las personas. "¿Cómo

2.

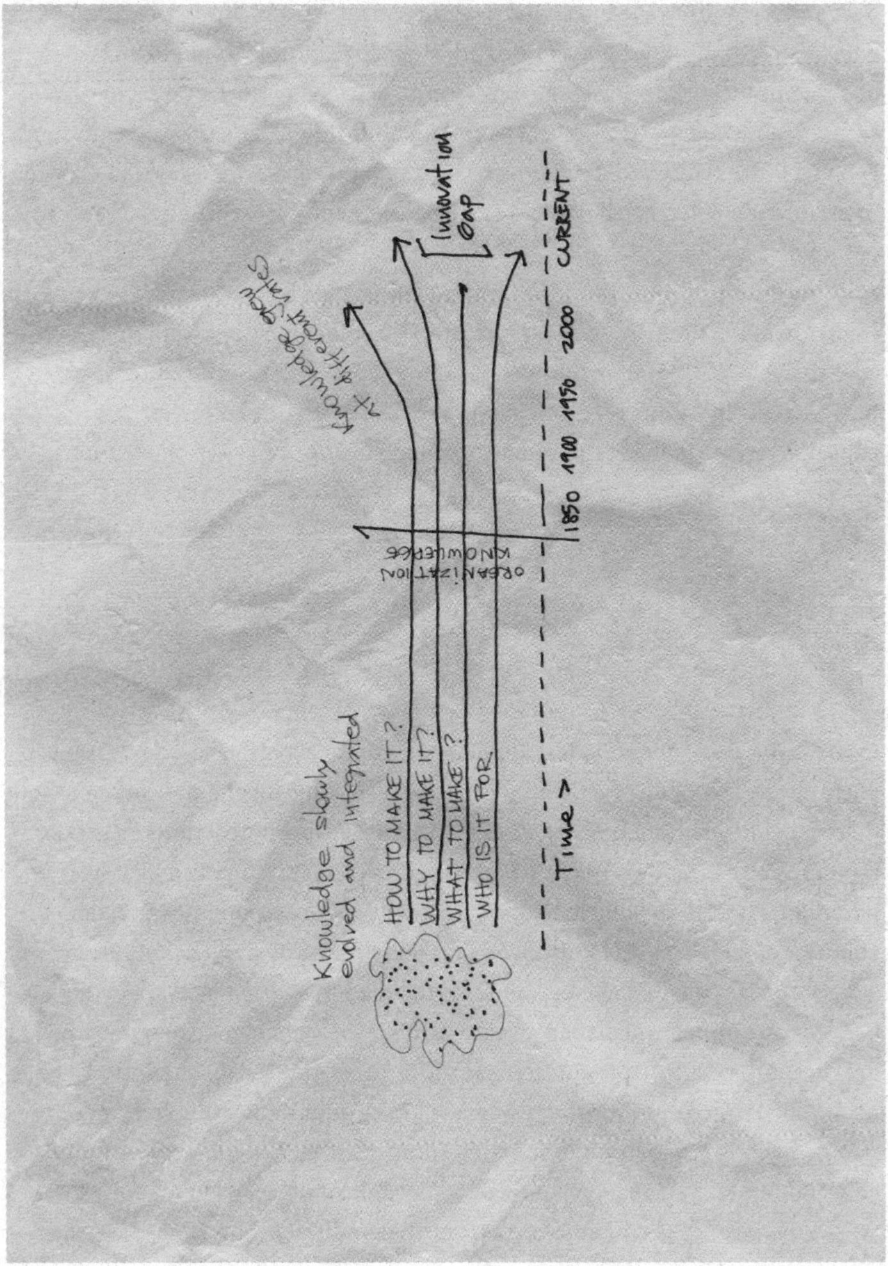
Knowledge slowly evolved and integrated
HOW TO MAKE IT ?
WHY TO MAKE IT?
WHAT TO MAKE ?
WHO IS IT FOR
Time >
ORGANIZATION KNOWLEDGE
1850
1900
1950
2000
CURRENT
Knowledge gaps at different rates
Innovation Gap

"What to make?" is about your offerings: the products, environments, messages, and services one makes. "Who is it for?" is about people, your users, markets, and your audience, depending on how one sees people. "How to make it" is all about operations. And "Why will it create value?" is about business model and strategy.

Knowledge about these four viewpoints slowly evolved in an integrated manner, with the user and the maker knowing each other's contexts. But when we reached the 1850s, that knowledge started to grow and get codified at different speeds and rates. Knowledge about operations, strategy, and business models started to grow fast. Then, the CEO of Motorola told Patrick Whitney, Dean of the IIT Institute of Design at that time, "Patrick, I can produce and sell any phone, but I don't know what phone to make." Patrick realized Motorola had very little knowledge about what their users actually wanted. This was a time when Motorola was a market leader. The phone was technically incredible. People in Motorola used to get up on conference stages

---

hacerlo?" se trata de operaciones. Y "¿Por qué creará valor?" se trata del modelo de negocio y la estrategia.

El conocimiento sobre estos cuatro puntos de vista evolucionó lentamente y de manera integrada, con el usuario y el creador conociendo los contextos del otro. Cuando llegamos a la década de 1850, ese conocimiento comenzó a crecer y a codificarse a diferentes velocidades y ritmos. El conocimiento sobre operaciones, estrategia y modelos de negocio creció rápido. Luego, el CEO de Motorola le dijo a Patrick Whitney, decano del Instituto de Diseño del IIT en ese momento: "Patrick, puedo producir y vender cualquier teléfono, pero no sé qué teléfono hacer". Patrick se dio cuenta de que Motorola tenía muy poco conocimiento sobre lo que realmente querían sus usuarios. Fue un momento en el que Motorola era líder en el mercado. El teléfono era técnicamente increíble. La gente en Motorola solía subirse al escenario de las conferencias y dejar caer sus teléfonos desde arriba de sus cabezas, luego recogían el teléfono del suelo y hacían una llamada.

and drop their phones from above their heads, then pick up the phone from the ground and make a call.

While they were focused on advertising the quality of their products and advanced capabilities, Nokia won the market with small, colorful phones made of plastic that would break at any time. If one looks at the product from a technical perspective, Nokia's product has lower standards than Motorola's phone. What Motorola didn't realize was that phones stopped being an element of operations and started to become a fashion accessory.

Patrick Whitney realized this was not a phenomenon of the cellphone industry but of most modern organizations, which he called the "innovation gap". When organizations believe they can make and sell anything but don't know what to make, designers have always been capable of understanding what should be made. That is what design is about; it is about making new things that people actually use. If we look at today's world, we see a high demand for this type of capability in innovation processes.

Mientras se enfocaban en publicitar la calidad de sus productos y capacidades avanzadas, Nokia ganó el mercado con pequeños teléfonos coloridos hechos de plástico que se romperían en cualquier momento. Si uno mira el producto desde una perspectiva técnica, el producto de Nokia tiene estándares más bajos que el teléfono de Motorola. De lo que Motorola no se dio cuenta fue que los teléfonos dejaron de ser un elemento de operaciones y comenzaron a convertirse en un accesorio de moda.

Patrick Whitney se percató de que este no era un fenómeno de la industria de los teléfonos celulares, sino de la mayoría de las organizaciones modernas. A este fenómeno lo llamó "brecha de innovación". Cuando las organizaciones creen que pueden hacer y vender cualquier cosa, pero no saben qué hacer, los diseñadores siempre han sido capaces de entender qué debería hacerse. Eso es de lo que se trata el diseño; se trata de hacer cosas nuevas que las personas realmente usen. Si miramos el mundo de hoy, vemos una gran demanda de este tipo de capacidad en los procesos de innovación.

3.

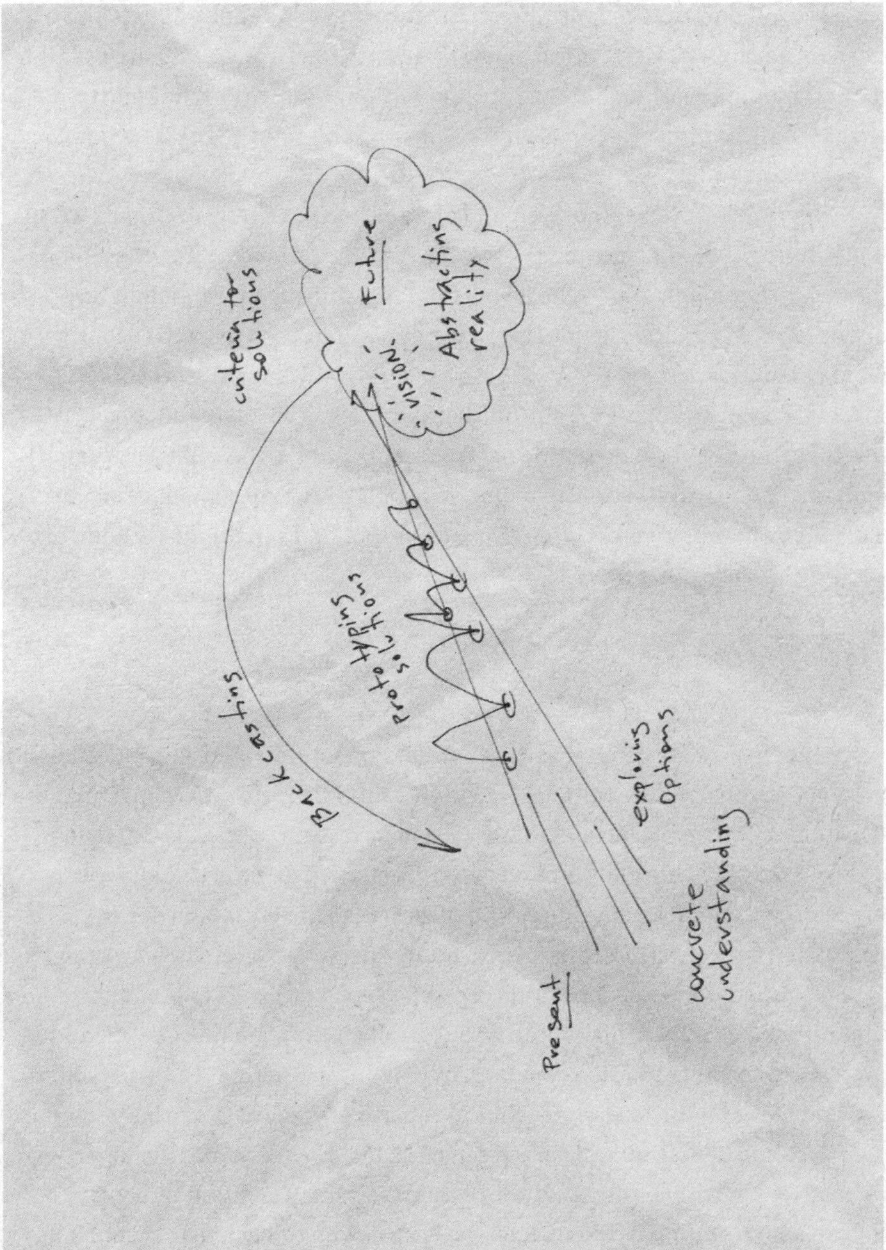
criteria for solutions
Future
VISION
Abstracting reality
Backcasting
prototyping solutions
exploring options
Present
concrete understanding

We are the first generation left with a darker future than our origin. This is problematic. We look ahead, the future is not super bright. Climate change, social inequity, political polarization, growth of war. There's a high demand for innovation, but not any innovation. Innovation that matters; that actually improves people's lives. Innovation that recognizes what people want and need.

It was in this context that human-centered design emerged. Organizations had a bunch of developers and innovators creating products and other things for which they didn't know who it was for. They embedded technology and operational capabilities inside the products without considering if people would know how to benefit from these capabilities. For instance, fax and copy machines even had operator buttons because people who were supposed to use them did not know how to do so. For organizations, the solution was to embed a phone inside a copy machine so people could call someone for help. This is how far they were willing to go to produce and sell things without

---

Somos la primera generación que enfrenta un futuro más oscuro que nuestro origen. Es problemático. Miramos hacia adelante: el futuro no es súper brillante. El cambio climático, la inequidad social, la polarización política, la extensión de la guerra. Hay una gran demanda de innovación, pero no de cualquier innovación. Innovación que importe, que de verdad mejore la vida de las personas. Innovación que reconozca lo que las personas quieren y necesitan.

Fue en este contexto que surgió el diseño centrado en el ser humano. Las organizaciones tenían un montón de desarrolladores e innovadores creando productos y otras cosas sin saber para quiénes eran. Incrustaban tecnología y capacidades operativas dentro de los productos sin considerar si las personas sabrían cómo beneficiarse de estas capacidades. Las máquinas de fax y copia incluso tenían botones de operador, porque las personas que se suponía debían usarlas no sabían cómo hacerlo. Para las organizaciones, la solución era insertar un teléfono dentro de una máquina de copia para que las personas pudieran llamar a alguien en busca de ayuda. Vemos hasta dónde estaban

understanding who they were making them for. Right now, we have more than 8 billion people, most of whom live in developing countries, with an even higher demand for innovation than in industrialized countries.

In today's world, we are confronted with decisions without a proper understanding of which options are best for us. Organizations continue to overproduce things, hoping their way of making will give them a better competitive advantage. But guess what? It will not get them any further.

I hope this framing can help you understand how this relates to your design practices. When you think about a material or production technique, how do you choose? The number of options we have at every choice we make as architects and the number of choices we must make throughout a project can be overwhelming. How, then, does design create value in this space?

There are many capabilities that design has that can help organizations create value. Here, I reference three of them. I will also go through some

---

dispuestas a llegar para producir y vender cosas sin entender para quiénes las estaban haciendo. En este momento, tenemos más de ocho mil millones de personas, la mayoría de las cuales viven en países en desarrollo, con una demanda aún mayor de innovación que en los países industrializados.

En el mundo de hoy, nos enfrentamos a decisiones sin comprender adecuadamente qué opciones son las mejores para nosotros. Las organizaciones siguen produciendo cosas en exceso, esperando que su forma de hacer les dé una ventaja competitiva. Pero lo cierto es que no las llevará más lejos.

Espero que comprendamos cómo se relaciona esto con las prácticas de diseño. Cuando piensas en un material o técnica de producción, ¿cómo eliges? La cantidad de opciones que tenemos en cada elección que hacemos como arquitectos y la cantidad de decisiones que debemos tomar a lo largo de un proyecto pueden ser abrumadoras. Entonces, ¿cómo crea valor el diseño en este espacio?

advanced design frameworks and use examples that might help you think through the lenses of these capabilities.

One thing that designers do is to abstract reality. Abstraction is a method. Abstraction is about finding the fundamental reason underlying why people are doing what they are doing and designing for that instead of the explicit problem. For instance, people getting late to work. One might ask, " Why are they getting late to work?" and get a common answer about too much traffic. And then one asks again, "Why is there too much traffic?" to learn that every job starts simultaneously, there is not enough public infrastructure, or that a city's zoning does not incentivize mixed-use so that people live too far from where they work. One might also learn there is no culture of "planning for tomorrow," and people leave their houses too late because they are busy organizing for their day in the morning. It can also be a combination of all of them.

Hay muchas capacidades del diseño que pueden ayudar a las organizaciones a crear valor. Aquí hago referencia a tres de ellas. También pasaré por algunos marcos de diseño avanzados y usaré ejemplos que podrían ayudarnos a pensar a través de las lentes de estas capacidades.

Una cosa que hacen los diseñadores es abstraer la realidad. La abstracción es un método. La abstracción se trata de encontrar la razón fundamental subyacente por la cual las personas están haciendo lo que están haciendo y diseñar para eso en lugar del problema explícito. Por ejemplo, personas que llegan tarde al trabajo. Uno podría preguntar por qué llegan tarde al trabajo y obtener una respuesta común sobre demasiado tráfico. Y luego uno pregunta otra vez por qué hay demasiado tráfico para descubrir que cada trabajo comienza simultáneamente, que no hay suficiente infraestructura pública o que la zonificación de una ciudad no incentiva el uso mixto, lo que hace que las personas vivan demasiado lejos de donde trabajan. Uno también podría descubrir que no hay cultura de "planificar para el mañana" y las personas

One can ask "why" until they reach a level where they might arrive at a too-abstract answer that it is hard to intervene, such as "People want a better quality of life for themselves." Everybody wants that. That is when you go back one or two levels and explore the other options for achieving that goal. Can organizations create more flexible working policies? Can we work hybrid? Can they start at different times? Can people be incentivized to move closer to their jobs? What other mobility services exist out there? Bike-sharing services emerged when people started to confront these questions.

Organizations normally think of innovation within one dimension. They *analyze* what exists today by understanding the available options for people and then *make* new things that improve the existing options. If Apple had analyzed the existing options for MP3 players, they would have landed on a new MP3 player, in this case, an iPod.

---

salen de sus casas demasiado tarde porque están ocupadas organizándose para el día. También puede ser una combinación de todos esos factores.

Uno puede preguntar *por qué* hasta llegar a un nivel donde la respuesta es tan abstracta que sea demasiado difícil de intervenir, como "las personas quieren una mejor calidad de vida para sí mismas". Todo el mundo quiere eso. Ahí es cuando se retrocede uno o dos niveles y se exploran las otras opciones para lograr el objetivo. ¿Pueden las organizaciones crear políticas de trabajo más flexibles? ¿Podemos trabajar de forma híbrida? ¿Comenzar en diferentes horarios? ¿Se puede incentivar a las personas a mudarse más cerca de sus trabajos? ¿Qué otros servicios de movilidad existen? Los servicios de intercambio de bicicletas surgieron cuando las personas comenzaron a enfrentarse a dichas preguntas.

Las organizaciones normalmente piensan en la innovación dentro de una dimensión específica. Analizan lo que existe hoy entendiendo las opciones disponibles para las personas y luego hacen cosas nuevas que mejoren las

Instead of going for the obvious and trying to improve what exists, design adds a different dimension: between reality, what is concrete on the ground, and an abstract level of why people are doing it. One analyzes what's real, looking at the broader context surrounding people's lives and daily activities, and then abstracts that reality to try to understand what people are doing and why.

Many times, architects will be relying on abstraction in their processes. Why do people like to stay in the kitchen when visiting someone's house? Or, why do people hate that others go in the kitchen? Why do people come into their homes and take off their shoes? Where do you put the shoes? Why do most people carry a glass of water to their bedroom and don't have a filter built into their bedroom to make it easier for them? And then why, why, why?

One observes and understands context. But it cannot stop there. It must seek to understand why people do what they do to expand the options for value creation beyond the obvious. Basically, one can follow a non-linear process:

---

opciones existentes. Si Apple hubiera analizado las opciones existentes para los reproductores de MP3, habría terminado con un nuevo reproductor de MP3, en este caso, un iPod.

En lugar de optar por lo obvio e intentar mejorar lo que existe, el diseño agrega una dimensión diferente, entre la realidad, lo concreto en el suelo y un nivel abstracto de por qué las personas lo están haciendo. Uno analiza lo real, observando el contexto más amplio que rodea la vida y las actividades diarias de las personas, y luego abstrae esa realidad para tratar de entender qué están haciendo las personas y por qué.

Muchas veces los arquitectos confiarán en la abstracción en sus procesos. ¿Por qué a la gente le gusta quedarse en la cocina cuando visita la casa de alguien? O ¿por qué la gente odia que otros entren en la cocina? ¿Por qué la gente entra a sus hogares y se quita los zapatos? ¿Dónde pones los zapatos? ¿Por qué la mayoría de las personas llevan un vaso de agua a su dormitorio y

understand context through user and field research, reframe problems by abstracting reality, explore options as integrated systems, and choose paths for development. At every stage, one might learn something new that makes them think differently about a problem or opportunity.

The second capability that I want to discuss is prototyping. How does design add value in a world of increasing uncertainty? Design colleagues have recently called me saying, "A developer bought an entire university campus and is looking for help to decide what to do with it." This is a new type of challenge: when people don't know what to do, but know they need to do something. Out of so many things a campus can become, what should it become? A housing complex? Another institution? A museum? A park? A sports center? All of this and more? There are so many options that one doesn't know where to start.

To increase uncertainty, the world is changing so fast that one cannot spend too much time understanding the entire landscape of all these potential

---

no tienen un filtro incorporado en su dormitorio para que les resulte más fácil? ¿Por qué, por qué, por qué?

Uno observa y comprende el contexto. Pero no puede detenerse ahí. Debe buscar comprender por qué las personas hacen lo que hacen, para expandir las opciones de creación de valor más allá de lo obvio. Básicamente, uno puede seguir un proceso no lineal: entender el contexto a través de la investigación de usuarios y de campo, reformular los problemas mediante la abstracción de la realidad, explorar opciones como sistemas integrados y elegir caminos para el desarrollo. En cada etapa, uno puede aprender algo nuevo que le haga pensar de manera diferente sobre un problema u oportunidad.

La segunda capacidad que quiero discutir es el prototipado. ¿Cómo agrega valor el diseño en un mundo de creciente incertidumbre? Colegas del diseño me han llamado recientemente diciendo: "Un desarrollador compró todo un campus universitario y está buscando ayuda para decidir qué hacer con él". Es un nuevo tipo de desafío: cuando las personas no saben qué hacer, pero sí saben que

pathways before deciding. The context would have already changed by the time a conclusion is reached. In these circumstances, the best way of choosing is to engage with the context through prototyping.

In 1996, Herbert Simon considered "any course of action to change existing situations into preferred ones" to be design. This means intervening in the present while exploring and creating a better future. Let me give you a little scenario. Imagine if the dean makes a proposal for the future of the University of Tennessee to be X. My colleague here, German, might believe that the University's future should be Y. And you, as the current body of students and faculty, might suggest it should be Z. So, which future should the University choose? Deciding on the future, considering the perspectives of various stakeholders, might be easier if one is deciding on their own house. But suppose the challenge involves a broader context, for instance, public or private spaces that impact multiple stakeholders. In that case, there must be an alternative

---

necesitan hacer algo. De tantas cosas en que puede convertirse un campus, ¿qué debería ser?, ¿un complejo de viviendas?, ¿otra institución?, ¿un museo?, ¿todo esto y más? Hay tantas opciones que uno no sabe por dónde empezar.

Para aumentar la incertidumbre, el mundo está cambiando tan rápido que uno no puede pasar demasiado tiempo comprendiendo todo el panorama de posibles caminos antes de decidir. El contexto ya habría cambiado para cuando se llegue a una conclusión. En estas circunstancias la mejor manera de elegir es involucrarse con el contexto a través del prototipado.

En 1996, Herbert Simon entendía como diseño "cualquier curso de acción para cambiar situaciones existentes en situaciones preferidas". Lo anterior significa intervenir en el presente mientras se explora y crea un futuro mejor. Permítanme bosquejar un pequeño escenario. Imaginemos qué pasaría si el decano propone que el futuro de la Universidad de Tennessee sea X. Mi colega aquí, Germán, podría creer que el futuro de la universidad debería ser Y. Y ustedes, como cuerpo actual de estudiantes y profesores, podrían sugerir

4.

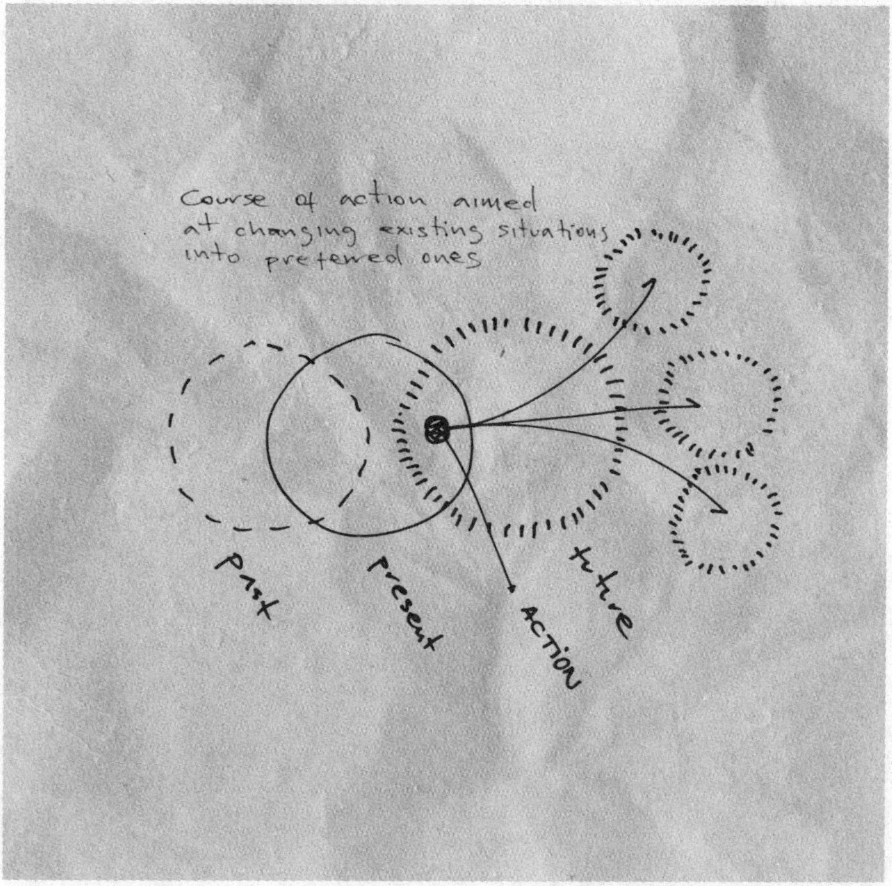
Course of action aimed
at changing existing situations
into preferred ones
past
present
ACTION
future

5.

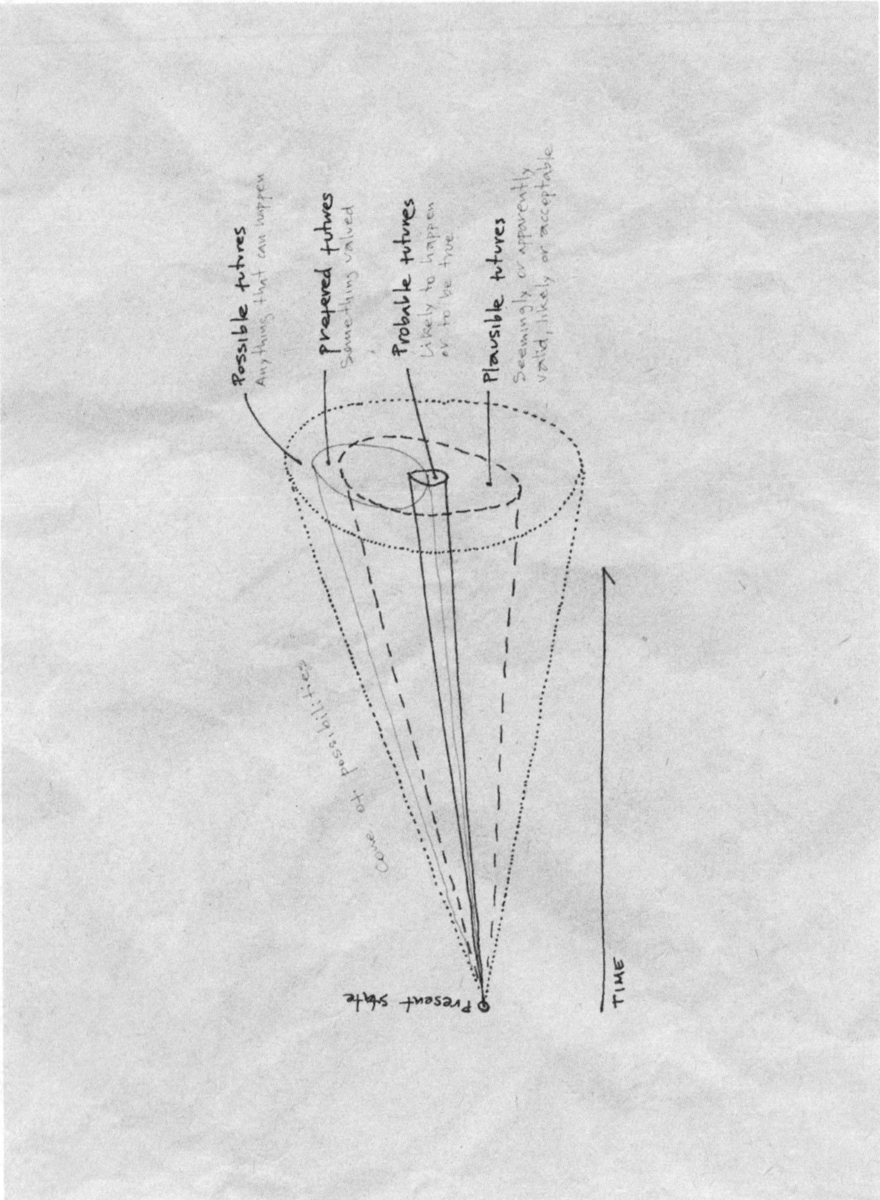
Possible futures
Anything that can happen
Preferred futures
Something valued
Probable futures
Likely to happen or to be true
Plausible futures
Seemingly or apparently valid, likely, or acceptable
Cone of possibilities
Present state
TIME

way to arrive at preferred futures that incorporate the various perspectives impacted by today's decisions. After all, all stakeholders are expected to be present in that future.

Complementary to abstracting and understanding why each of these stakeholders wants the future in a certain way, prototyping can help teams explore possible, probable, and plausible pathways to combine diverse views and shape better conditions for all before the future arrives. Prototyping examines possible futures where anything can happen or be done, as well as plausible futures, recognizing that just because something is possible doesn't mean it should be pursued.

For example, while organizations can continue to produce fossil-fueled cars, it's not plausible or advisable to do so. Now, this is what probable futures come in. Some organizations will likely continue producing cars this way, while many others will continuously shift towards more

---

que debe ser Z. Entonces, ¿qué futuro debería elegir la universidad? Decidir sobre el futuro, considerando las perspectivas de varios interesados, podría ser más fácil si uno está decidiendo sobre su propia casa. Pero supongamos que el desafío implica un contexto más amplio; por ejemplo, espacios públicos o privados que impactan a múltiples interesados. En ese caso debe haber una forma alternativa de llegar a futuros preferidos que incorporen las diversas perspectivas afectadas por las decisiones actuales. Después de todo, se espera que todos los interesados estén presentes en ese futuro.

Complementario a la abstracción y la comprensión de por qué cada uno de estos interesados quiere el futuro de una cierta manera, el prototipado puede ayudar a los equipos a explorar posibles, probables y plausibles vías para combinar diversas visiones y dar forma a mejores condiciones para todos antes de que llegue el futuro. El prototipado examina futuros posibles donde todo puede suceder o hacerse, así como futuros plausibles, reconociendo que solo porque algo sea posible no significa que deba perseguirse.

renewable energy sources. It is also probable that those who continue to produce fossil-fueled cars will become less relevant. Still, prototyping can be useful in challenging the probable and the possible future views to reach more preferred pathways. Instead of being subject to the consequences of past decisions, how do we understand what a preferred future is? How can we work at the intersection of what is possible, plausible, and probable? Prototyping can help us learn our way as we go.

Prototyping is a design method often used to test and refine an idea toward the end of a design process. Once teams arrive at a concept they believe is valuable, they prototype it to see if it works. This use of prototyping works well when teams have high levels of certainty about the context they are working on. However, introducing prototyping earlier in that process becomes critical when there is too much uncertainty and too many variables influencing the results. In these tough situations, prototyping can be a

---

Por ejemplo, mientras las organizaciones pueden continuar produciendo automóviles impulsados por combustibles fósiles, no es plausible ni aconsejable hacerlo. Es aquí donde entran los futuros probables. Probable es que algunas organizaciones continúen produciendo automóviles de este modo, mientras que muchas otras seguirán cambiando hacia fuentes de energía más renovables. También es probable que aquellos que continúen produciendo automóviles impulsados por combustibles fósiles se vuelvan menos relevantes. El prototipado puede ser útil para desafiar las opiniones probables y posibles sobre el futuro para llegar a caminos más preferidos. En lugar de estar sujetos a las consecuencias de decisiones pasadas, ¿cómo entendemos qué es un futuro preferido? ¿Cómo podemos trabajar en la intersección de lo posible, lo plausible y lo probable? El prototipado puede ayudarnos a aprender a medida que avanzamos.

El prototipado es un método de diseño que a menudo se utiliza para probar y refinar una idea hacia el final de un proceso de diseño. Una vez que

method to engage in the context and see what can be learned before teams develop any valuable idea. It can be as simple as setting up a table in a tourist area to test a new service, which my colleagues at the IIT Institute of Design have done. The table was divided into three parts. In the first part, an approachable person offers free tourist information. In the second part, a person provides information while supported by another person who searches for more specific information in tourist guides as needed. In the third part, someone gives directions to the user. The flow of this prototyping activity went as follows: when someone approached and asked for information, the first person directed them to the second, who engaged with the visitor to understand their interests. For example, if the visitor wanted to eat, the second person searched for nearby restaurants and offered options based on the visitor's preferences. If the visitor had no car, the second person suggested restaurants within walking distance. Finally, the third person

---

los equipos llegan a un concepto que creen es valioso, lo prototipan para ver si funciona. Este uso del prototipado funciona bien cuando los equipos tienen altos niveles de certeza sobre el contexto en el que están trabajando. No obstante, introducir el prototipado antes en ese proceso se vuelve crítico cuando hay demasiada incertidumbre y demasiadas variables que influyen en los resultados. En estas situaciones difíciles el prototipado puede ser un método para involucrarse en el contexto y ver qué se puede aprender antes de que los equipos desarrollen alguna idea valiosa. Puede ser tan simple como colocar una mesa en una zona turística para probar un nuevo servicio, como lo han hecho mis colegas en el Instituto de Diseño del IIT. La mesa se dividió en tres partes. En la primera parte, una persona accesible ofrece información turística gratuita. En la segunda, una persona proporciona información mientras es apoyada por otra persona que busca información más específica en guías turísticas según sea necesario. En la tercera parte, alguien da direcciones al usuario. El flujo de esta actividad de prototipado era el

provided a map with directions to the chosen restaurant. This prototyping helped the team explore an interface of an online tourist service. It was about understanding what questions people were asking and their interests. It helped the team see what people experienced when they were trying to get what they wanted. One cannot use a survey to figure out this.

Finally, the last capability relates to abduction. Abduction is the logic of what's possible. It is common for us to use deduction and induction.

One is inducing and deducing about the future based on what they know from the past. This type of reasoning informs forecasting methods. For instance, we have been collecting so much information about past weather that we can make a conjecture about tomorrow's temperature and precipitation. In business, this line of reasoning often informs trend analysis. But such an approach only gets us to improve what exists, moving organizations from product one to a better version of the same

---

siguiente: cuando alguien se acercaba y pedía información, la primera persona lo dirigía a la segunda, quien interactuaba con el visitante para entender sus intereses. Si el visitante quería comer, la segunda persona buscaba restaurantes cercanos y ofrecía opciones según las preferencias del visitante. Si el visitante no tenía auto, la segunda persona sugería restaurantes a poca distancia a pie. Finalmente, la tercera persona proporcionaba un mapa con direcciones al restaurante elegido. Este prototipado ayudó al equipo a explorar la interfaz de un servicio turístico en línea. Se trataba de comprender qué preguntas hacían las personas y sus intereses. Ayudó al equipo a ver qué experimentaban las personas cuando intentaban obtener lo que querían. Para descubrir esto, uno no puede limitarse a usar una encuesta.

La última capacidad se relaciona con la abducción. La abducción es la lógica de lo posible. Es más común que usemos la deducción y la inducción.

Uno está induciendo y deduciendo sobre el futuro en función de lo que sabe del pasado. Este tipo de razonamiento informa los métodos de pronóstico. Por

6.

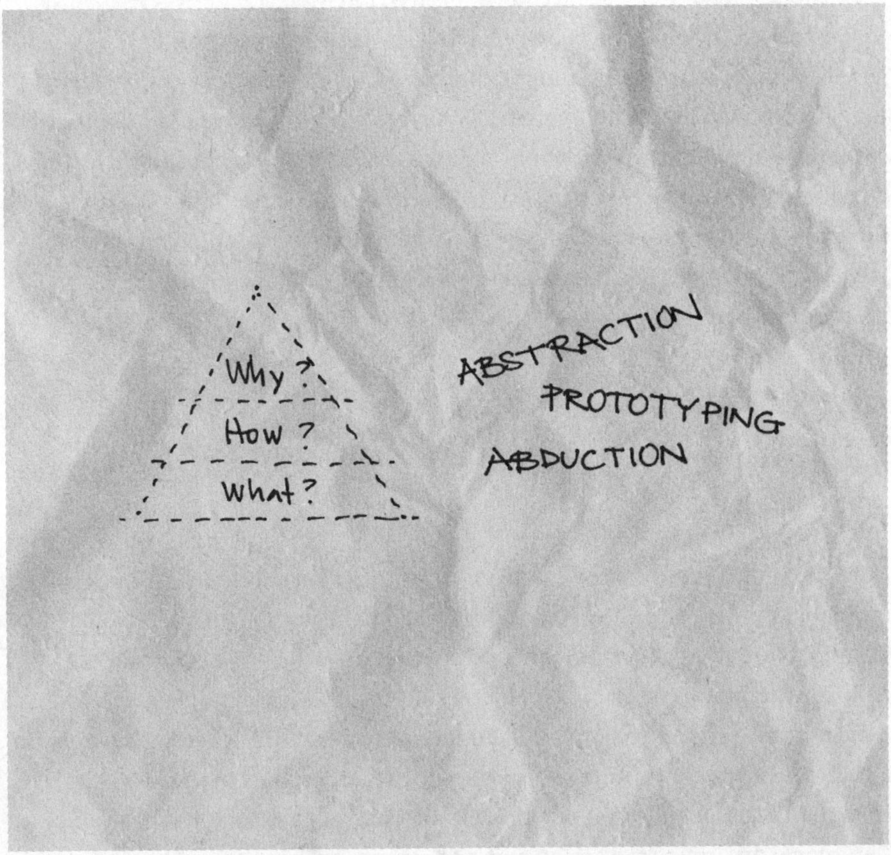

product. However, before seeking a better MP3 player, Apple considered if it was possible to have an alternative model to commercialize music. It considered different ways that people could listen and share their preferred singles. That is what we call abduction. It's a third approach to reasoning complementary to induction and deduction. In these lines of exploring what is possible, a lot of innovation comes through life.

But how to do this? Instead of having the future that emerges as a consequence of the past, teams must look at the future in ways they want it to be shaped. They should abstract current reality and try to understand what alternative futures might be created out of the many possibilities. Of course, it is not easy to arrive at a common understanding, specially if multiple stakeholders are involved. In this context, design techniques such as sketching ideas, visualizing relationships, and combining materials are helpful.

---

ejemplo, hemos estado recopilando tanta información sobre el clima pasado que podemos hacer una conjetura sobre la temperatura y la precipitación del mañana. En los negocios, este tipo de razonamiento suele informar el análisis de tendencias. Pero tal enfoque solo nos lleva a mejorar lo que existe, moviendo a las organizaciones del producto uno a una mejor versión del mismo producto. Sin embargo, antes de buscar un mejor reproductor de MP3, Apple consideró si era posible tener un modelo alternativo para comercializar música. Contempló diferentes formas en que las personas podrían escuchar y compartir sus *singles* preferidos. Eso es lo que llamamos abducción. Es un tercer enfoque para razonar, complementario a la inducción y la deducción. En tales líneas de exploración de lo posible, mucha innovación surge a través de la vida.

Pero ¿cómo hacerlo? En lugar de tener el futuro que emerge como consecuencia del pasado, los equipos deben mirar el futuro de la manera en que desean que se forme. Deben abstraer la realidad actual y tratar de entender qué futuros alternativos podrían crearse a partir de las muchas

Once a shared vision is created, teams might ask themselves: what is true about this future that we would like it to happen today? At this moment, they are off to set up principles and criteria that define that future. Instead of forecasting from the past, they should backcast these principles and criteria from the future to guide the design of interventions in today's world. Architects often rely upon this method without being conscious of it. When they envision a new house, architects create principles such as people should enter from this place; they should enjoy this space in this way; people should see this view. These are examples of criteria that can guide the design of the built environment according to how architects believe users should experience it in the future.

Once these criteria are formulated, they move into a different line of questioning to guide a conceptual exploration. For instance, accepting people would want to see the intended view, they might ask: What are the

---

posibilidades. Por supuesto, no es fácil llegar a un entendimiento común, en especial si están involucrados múltiples interesados. En este contexto resultan útiles técnicas de diseño como dibujar ideas, visualizar relaciones y combinar materiales.

Una vez que se crea una visión compartida, los equipos pueden preguntarse: ¿Qué es verdadero acerca de este futuro que nos gustaría sucediera hoy? En este momento se disponen a establecer principios y criterios que definan ese futuro. En lugar de pronosticar a partir del pasado, deben retroceder estos principios y criterios desde el futuro para guiar el diseño de intervenciones en el mundo actual. Los arquitectos con frecuencia dependen de este método sin ser conscientes de ello. Cuando imaginan una nueva casa, crean principios como que las personas deberían entrar desde este lugar, o deberían disfrutar de este espacio de esta manera, o deberían ver tal o cual vista. Son ejemplos de criterios que pueden guiar el diseño del entorno construido según cómo los arquitectos creen que los usuarios deberían experimentarlo en el futuro.

many ways people can see this view? They may use the stairs, a ramp, or an elevator. On their way to the spot, there might be a wall with little holes to spark curiosity, or one can create a whole window from the floor to the ceiling. These options will give people a different experience when seeing the desirable view. But which one should be built and why? That's when prototyping gets teams closer to understanding and realizing a desirable future rather than having that future be a consequence of today's thoughts.

Design matters today because there's a high demand for innovation that actually improves people's lives; making things that people can use to improve their ways of living, working, learning, and playing. Design creates value in many ways, but today I talked about three capabilities: abstracting to understand why people want and do what they do; prototyping to help organizations better understand if the things that they're envisioning and creating are actually what people want, or even to

---

Una vez formulados dichos criterios, pasan a una línea de preguntas diferente para guiar una exploración conceptual. Aceptando que las personas quisieran ver la vista deseada, podrían preguntar: ¿Cuáles son las diversas formas en que las personas pueden ver esta vista? Pueden usar las escaleras, una rampa o un ascensor. En su camino hacia el lugar, puede haber una pared con pequeños agujeros para despertar la curiosidad, o se puede crear una ventana completa desde el piso hasta el techo. Estas opciones darán a las personas una experiencia diferente al ver la vista deseada. ¿Pero cuál debería construirse y por qué? Ahí es cuando el prototipado acerca a los equipos a comprender y realizar un futuro deseable en lugar de tener ese futuro como consecuencia de los pensamientos actuales.

El diseño importa hoy porque hay una gran demanda de innovación que realmente mejore la vida de las personas: hacer cosas que las personas puedan usar para mejorar sus formas de vivir, trabajar, aprender y jugar. El diseño crea valor de muchas maneras, pero hoy me limité a hablar de tres capacidades:

use this method as a way to describe unspoken and undefined needs that can be turned into opportunities for value creation; and, lastly, abducting to explore what is possible beyond what exists today.

It is my hope that our conversation today can help you use design to think more broadly about value-creation opportunities in your projects, including but not limited to the built environment.

---

abstraer para entender por qué las personas quieren y hacen lo que hacen; prototipar para ayudar a las organizaciones a comprender mejor si las cosas que están imaginando y creando son realmente lo que las personas quieren o, incluso, para usar este método como una forma de describir necesidades no expresadas y no definidas que pueden convertirse en oportunidades de creación de valor; y, por último, abducir para explorar lo que es posible más allá de lo que existe hoy.

Es mi esperanza que utilicemos el diseño para pensar de manera más amplia sobre las oportunidades de creación de valor en nuestros proyectos, incluyendo pero no limitándonos al entorno construido.

André Nogueira

Ph.D., holds the first-of-its-kind position as an Associate Faculty of Design Knowledge at the Johns Hopkins School of Nursing and CEO of Leap, a catalyst design organization building the capacity of ambitious leaders across sectors to confront the complexity underlying purpose-driven initiatives. Nogueira is also affiliated with the Brown University School of Public Health as an Adjunct Investigator. Through his work, he intersects design knowledge with other disciplines to drive systems-level transformations. His research explores how design frameworks and methods can help improve the well-being of people, organizations, and the ecosystems within which they live. Over the last two decades, Nogueira has helped institutions in the US and Brazil build design laboratories that bridge theory and practice through cross-sector partnerships, influencing public policy. Recent examples include founding the Design Nucleus at Johns Hopkins University, the Design Laboratory at Harvard T.H. Chan School of Public Health, and the Action Labs at IIT Institute of Design. His work, funded by USAID, the Gates Foundation, the Kresge Foundation, and others, has earned him the 40 Under 40 Public Health Catalyst Award.

Ph.D., ocupa por primera vez el puesto de Profesor Asociado de Conocimiento en Diseño en la Escuela de Enfermería de Johns Hopkins. Es CEO de Leap, una organización de diseño catalizador que construye la capacidad de líderes ambiciosos en diversos sectores para enfrentar la complejidad subyacente en iniciativas con propósito. Nogueira también está afiliado a la Escuela de Salud Pública de la Universidad de Brown como Investigador Adjunto. A través de su trabajo, intersecta el conocimiento en diseño con otras disciplinas para impulsar transformaciones a nivel de sistemas. Su investigación explora cómo los marcos y métodos de diseño pueden mejorar el bienestar de las personas, las organizaciones y los ecosistemas en los que viven.

Durante las últimas dos décadas, Nogueira ha ayudado a instituciones en Estados Unidos y Brasil a construir laboratorios de diseño que conectan la teoría y la práctica mediante asociaciones intersectoriales, influyendo en políticas públicas. Ejemplos recientes incluyen la fundación del Núcleo de Diseño en la Universidad Johns Hopkins, el Laboratorio de Diseño en la Escuela de Salud Pública de Harvard T.H. Chan y los Action Labs en el Instituto de Diseño IIT. Su trabajo, financiado por USAID, la Fundación Gates, la Fundación Kresge, entre otros, le ha valido el premio 40 Under 40 Public Health Catalyst Award.

www.a-nogueira.com

Table of images

Índice de imágenes

Making space for the public realm

03

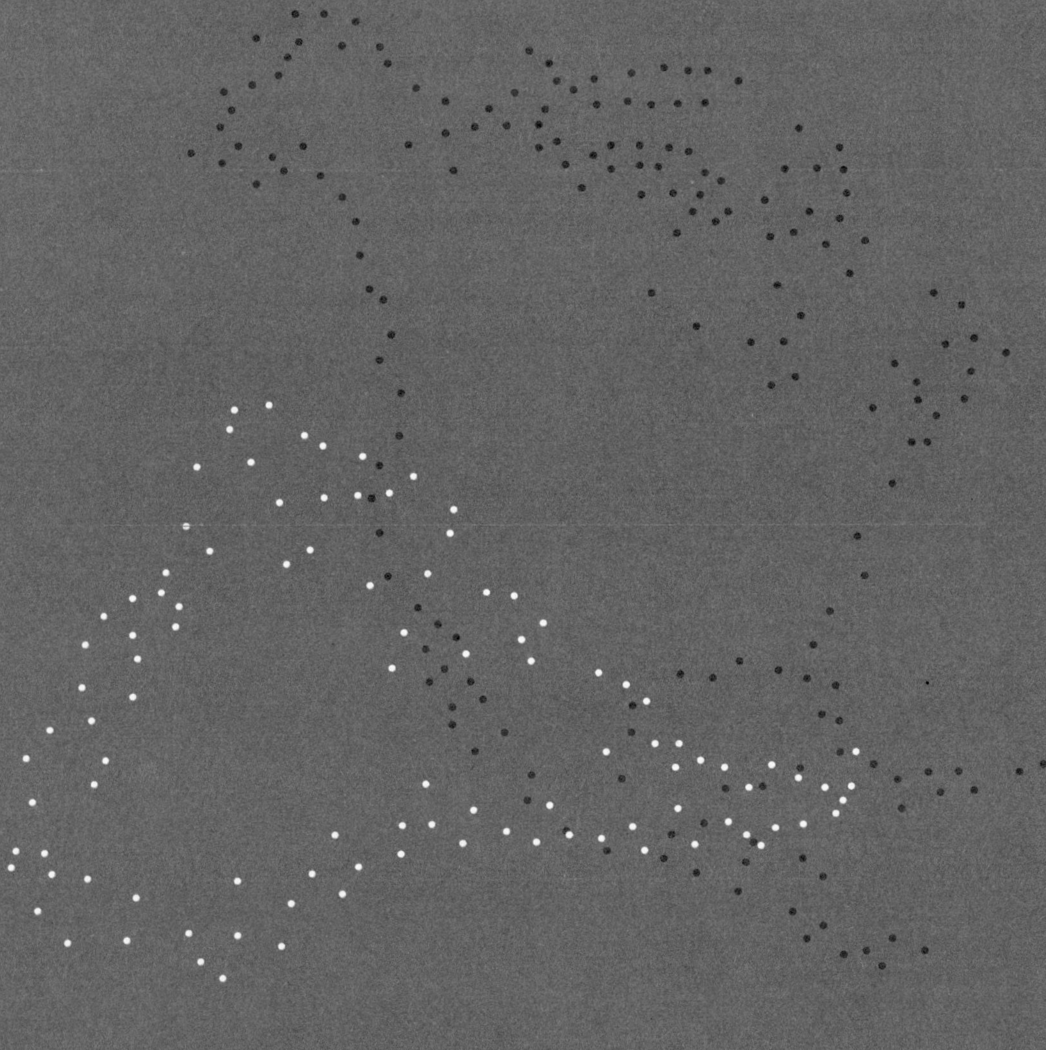

GERARDO CABALLERO

Abrir espacios para lo público

I have been to the United States many times as a student and professor, but now I have my practice in Rosario, Argentina, South America, where I live and work. I would like to show you some projects that I put together. Also, I will try to give an overview of the context where I work. I think it is essential in order to understand what we do. I included projects that have to do with pre-existing conditions, it seems to me that today it is an imperative.

Rosario, my city, is alongside the Paraná River that runs from Paraguay to Brazil. We are 300 kilometers north of Buenos Aires, which is what we call Rio de la Plata, which is the widest river in the world. It is a river that some people call "the river without a shore". So, it's like an ocean with sweet water.

Rosario is a city with a population of 1 million two hundred thousand, and in front is the river with islands. The city was founded following the rules of the Spaniard grid, what we call "manzanas", a homogeneous grid of 100 by 100 meters, and inside of that grid, the city occurs, in a very flat landscape, what we

---

He estado en los Estados Unidos muchas veces como estudiante y luego como profesor, pero ahora tengo mi práctica en Rosario, Argentina, Sudamérica, donde vivo y trabajo. Me gustaría mostrarles algunos proyectos que he realizado. Además de enseñar nuestra obra reciente, intentaré dar un panorama del contexto en el que trabajamos. He incluido en esta presentación varios proyectos que tienen que ver con proyectar sobre condiciones preexistentes. Me parece que hoy es un imperativo.

Rosario, mi ciudad, está junto al río Paraná, que corre desde Paraguay hasta Brasil. Estamos a trescientos kilómetros al norte de Buenos Aires. Es lo que llamamos Río de la Plata, que es el río más ancho del mundo, un río que algunas personas llaman "el río sin orilla". Es como un océano de agua dulce.

Rosario tiene un millón doscientos mil habitantes, y frente a ella está el río con sus islas. La ciudad fue fundada siguiendo las reglas del cuadriculado español, lo que llamamos manzanas, un cuadriculado homogéneo de cien por cien metros, y dentro de ese cuadriculado la ciudad ocurre —en un paisaje

1.

2.

call the "pampas" which is a very rich landscape where we can grow different cereals. The city has this kind of huge park in the middle and then somehow stops growing, not because of a topographic limitation; it's a question of the economy. As we know, it's cheaper if we live together. Living far away from the city is more expensive because you have to go and come back in cars. Then you need infrastructure. That's one of the main reasons why we still live in the cities.

Some notes about the territory and the grid of the city plan. The "Ensanche" by Cerdá in Barcelona is one of those paradigmatic cases where the grid is very homogeneous. Our cities are not like this, but neither is Detroit, which I call "Destroy" because you have the grid, but people have disappeared. The Latin American cities are more or less a kind of chaotic situation with different types of buildings, very intense, very alive, because we work, we live, we study, we shop in the same place at different hours of the day. A very chaotic situation controlled by the city block that gives structure to the city. This gives some order to the urban and the very power diversity as well.

---

muy plano— sobre lo que llamamos las pampas. Se trata de un paisaje muy rico, donde se pueden cultivar diferentes cereales. Hay un parque enorme en el medio. Luego, de alguna manera, Rosario deja de crecer, no por una limitación topográfica sino más bien por una cuestión de economía. Como sabemos, es más barato si vivimos juntos. Vivir lejos de la ciudad es más caro porque tienes que ir y venir en coche. Entonces necesitas infraestructura. Esa es una de las principales razones por las que todavía vivimos en las ciudades.

Una breve nota al margen sobre el territorio y el cuadriculado. El Ensanche de Cerdá en Barcelona es uno de esos casos paradigmáticos donde el cuadriculado resulta muy homogéneo. Nuestra ciudad no es así, pero tampoco lo es Detroit (que yo llamo *Destroy*), porque tienes el cuadriculado pero la gente ha desaparecido. Las ciudades latinoamericanas son más o menos una especie de situación caótica con distintos tipos de edificios, muy intensos, muy vivos, puesto que trabajamos, vivimos, estudiamos, compramos en el mismo lugar en diferentes horas del día. Una situación muy caótica controlada por la manzana.

I will now show a project built in a corner situation, within a lot of 19 by 14 meters. From the place, we can see a view of the river, so I made some drawings at the beginning of how, from the apartment, we could see the landscape. From the early plans, I started considering that these apartments could be like cones opening to views where you can see the territory. From the city, the building looks divided by two vertical columns joined by the public vertical areas.

That situation "in-between" becoming here a great opportunity to work within the idea of a common space, the relationship with the exterior, the holes in the stairs, and the main access to the apartments. In Rosario, 10 years ago, buildings were able to have the stairs open for fire code. We didn't have to have enclosed stairs, and that allows us to have this open place that I use as an opportunity. We work a lot with concrete and brick. And that's an opportunity to work with what is available. From all apartments, we can look at the river and some of the construction alongside the river, as well as buildings that have to do with the activity of the river.

Es lo que le da estructura y organización a la ciudad. La manzana le da cierto orden a lo urbano y también una gran diversidad de poder.

Proyectamos una obra en una situación de esquina, dentro de un terreno de 19 x 14 m. Desde el lugar, podemos tener una vista del río, así que hice algunos dibujos al principio acerca de cómo podríamos ver el paisaje desde el interior de cada apartamento. A partir de los primeros planos, empecé a considerar que los apartamentos podrían ser como conos que se abren a las vistas del territorio. Desde la ciudad, el edificio parece dividido por dos columnas verticales unidas mediante las áreas verticales públicas.

Esa situación de *en medio* se convierte aquí en una gran oportunidad para trabajar la idea de espacio común, la relación con el exterior, los agujeros en las escaleras y el acceso principal a los apartamentos. En Rosario, hace diez años, los edificios tenían las escaleras abiertas por códigos de incendio. No debíamos tener escaleras cerradas, y eso nos permitió desarrollar este programa de uso común como una oportunidad. Trabajamos mucho con concreto y ladrillo, vale

3.

Another project we worked on near the Paraná river was a factory that dates back to 1901. About 15 years ago, the factory was split in two, and one of the developers bought one part to develop a big project. The situation we found in the place includes some existing buildings like warehouses and silos, and so on. But, how do we make a project on this kind of situation? Taking some of the existing conditions and adding some new construction, giving the greatest possible value to what exists. I always like to overlap conditions to see how they all work together. It's a huge project in terms of 1 million square feet, but the most important thing to me in the project is not the buildings themselves but this kind of open space that we give back to the city because, although this is a private lot, we were able to make this kind of "plaza" for the public space, and give it back to the city.

I made some drawings to show that the project doesn't end within the limits of the site where we can work. Our responsibility goes beyond the site. The new

---

decir, con lo que teníamos disponible. Desde todos los apartamentos podemos mirar el Paraná y algunas de las construcciones junto al río, así como los edificios que tienen que ver con la actividad fluvial.

Otro proyecto junto al río Paraná lo desarrollamos en una antigua fábrica que data de 1901. La fábrica ya no estaba operativa. Quince años atrás esta fábrica se dividió en dos, y un promotor inmobiliario compró una parte, pensando en desarrollar un gran proyecto. La situación que encontramos en el lugar incluía algunos edificios existentes, como almacenes y silos, grandes galpones, etcétera. Pero ¿cómo hacer un proyecto en este tipo de situación? Respuesta: tomando algunas de las condiciones más favorables del lugar, agregando alguna nueva construcción y dando el mayor valor posible a lo que existía. Siempre me gusta superponer condiciones para ver cómo todas funcionan juntas. Es un proyecto enorme, algo así como un millón de pies cuadrados, pero lo más importante para mí en el proyecto no son los edificios en sí, sino los espacios abiertos que devolvemos a la ciudad, porque, aunque

buildings, the existing building, the silo that we transform into a hotel on top can be visited. We can go beyond to create public spaces. We dismantled and demolished some of the structures that were on site to reuse them.

Something that I like to work on is finding things on the site: we kept the trusses; we moved them upside down, and then we made the canopy for the plaza. It's not that I design from zero. While driving my car from the office to the site, I saw a silo with a sort of house above it, and I thought it might be an interesting possibility to place the hotel on the top, instead of on the inside. I have been educated that way, I might say, in the sense that I prefer to be open to see If I can find something for the project, which is a way to be surprised.

There's a lot of pressure for the developers to make square meters; you have to deal with a lot of things that are beyond architecture. Our idea of producing public goods, spaces for people to enjoy and through investment being able also to build the city, many times has to be smuggled while you

---

este es un lote privado, pudimos hacer una especie de "plaza" de uso público y devolverla a Rosario.

Hice algunos dibujos para mostrar que el proyecto no termina dentro de los límites del sitio donde podemos trabajar. Nuestra responsabilidad va más allá del sitio. Los nuevos edificios, el edificio existente, el silo que transformamos en un hotel, se pueden visitar. Podemos ir más allá para crear espacios públicos. Desmontamos y demolimos algunas de las estructuras y las reutilizamos.

Algo en lo que me gusta trabajar es el hallazgo de cosas en el sitio. Esta vez mantuvimos las cerchas del antiguo edificio; las movimos y colocamos al revés y luego hicimos con ello el gran toldo para la plaza. No es que se diseñe desde cero. Manejando mi auto desde la oficina hasta el sitio de la obra, vi un silo con una especie de casa en la parte superior, y pensé que tal vez sería una buena posibilidad poner el hotel en esa parte superior y no dentro. Me he educado de esa manera, podría decir, en el sentido de que prefiero estar abierto a si puedo encontrar algo para el proyecto, lo cual es una forma de sorprenderse.

4.

5.

6.

solve the issues that really concern investors the most. The project resulted in a huge balcony facing the Paraná river. Now there are some bars, it's a nice place to go if you come to the city, to walk alongside the river and enjoy the landscape.

The condition of the city of Rosario is between a very rich landscape and the river. All those goods coming from the countryside are then shipped through the river. The city is like a machine that works with the landscape, and all that transportation activity between trains and ships left behind structures that are useless today. I have always wondered what we would do with these structures.

The project over the river is not a commission. It is something that sometimes, when I drive in the city, I imagine that we will do, and I proposed to the city hall that maybe this structure could be like a botanic garden. So, the structure is already built. We can make this kind of pool for botanic plants, like

---

Hay mucha presión para que los desarrolladores construyan metros cuadrados y por ello tienes que lidiar con cosas que van más allá de la arquitectura. Nuestra idea es producir bienes públicos, espacios para que la gente disfrute y para que a través de la inversión privada también pueda construirse la ciudad. Muchas veces la arquitectura tiene que ser contrabandeada mientras se resuelven los problemas que realmente preocupan más a los inversionistas. El resultado para este proyecto fue un enorme balcón frente al Paraná. Ahora hay algunos bares, es un lugar agradable si visitas la ciudad, si caminas junto al río y disfrutas del paisaje.

La condición de Rosario está entre un paisaje muy rico y el río. Todos esos bienes que vienen del campo luego son embarcados a través del río. La ciudad es como una máquina que trabaja con el paisaje. Esa actividad de distintos medios de transporte, trenes y barcos, dejó estructuras que hoy son inútiles. Siempre me había preguntado qué podríamos hacer con estas estructuras.

Desarrollé un proyecto sobre el río, que no es una comisión de nadie. Cuando conduzco por la ciudad, imagino posibilidades y se las propongo al

plants or flowers from the river. This is the situation today, and this is what could happen if we had this kind of botanic floating garden in the river. These are exercises that we do without any expectation but thinking from something already there. If that thing can give you a clue on how to begin a project.

One of the most important buildings in the city, a long brick building, which is the cultural center of the Spanish government, was built in the 90s by a very famous office from Barcelona: Martorell-Bohigas-Mackay. The government commissioned the new building, which is a very active cultural center. Also, you can walk on the top of the building as part of the urban space.

Before they built the building, the harbor moved outside the city. There was a chance that trains came through this tunnel, but nowadays, there are no trains. It's a road for cars now. Along this road, you can see doors that lead to the river through tunnels.

---

ayuntamiento: "Qué tal si esta estructura se transformara es un jardín botánico". Entonces, la estructura ya está construida. Podríamos hacer algún tipo de piscina botánica para plantas o flores del río. Un jardín botánico flotante. Son ejercicios que hacemos sin ninguna expectativa, pero pensando en algo que ya está ahí. Es el tipo de cosas que pueden darte una pista sobre cómo comenzar un proyecto.

Uno de los edificios más importantes de la ciudad —un largo edificio de ladrillo— es el Centro Cultural Parque de España. Lo construyó en los años noventa una oficina famosa de Barcelona: Martorell - Bohigas - Mackay. Fue un encargo del Gobierno local y es un centro cultural muy activo. Puedes caminar por la parte superior del edificio como parte del espacio urbano.

Antes de construir el edificio, el puerto se trasladó fuera de Rosario. Originalmente los trenes pasaban por túneles para conectarse con los puertos a lo largo del río, pero hoy en día no hay trenes. Ahora hay ahí una autopista, desde

We were asked to turn one of these tunnels into a library.

It's a very small project because, in a way, you can think it is furniture basically because the space was already there. However, we considered that despite the physical impossibility of this connection due to all doors being blocked, it opened up the possibility of conceptual exploration. We envisioned opening the end of the tunnel, conceptually speaking, of course. Using these doors creates the illusion of a passageway, even though in reality, when you pass through, you just find two elements hiding the two monitors to look at the videos. But conceptually, as you pass through, you can enter the territory, remembering all the merchandise that used to go through these tunnels to the boats.

The landscape around the city is a flat, infinite line of the "pampas". We've worked on projects in this condition with isolated buildings. For instance, this is an agricultural machine dealer in front of a national road. It's a very simple

---

la cual se pueden ver puertas que conducían la carga de los trenes a los barcos a través de túneles.

Se nos pidió convertir uno de estos túneles en una biblioteca. Era un proyecto pequeño que podría ser pensado como de mobiliario, porque el espacio ya estaba ahí. Consideramos si, a pesar de la imposibilidad física de recuperar la antigua conexión con el túnel principal, se podría explorar conceptualmente aquella conexión. Concebimos una apertura conceptual al final del espacio generado por el túnel. El uso de unas grandes puertas crea la ilusión de un pasaje, aunque al pasar encuentras solo una pequeña habitación con monitores. Conceptualmente, al pasar puedes entrar en el territorio, recordando toda la mercancía que solía pasar por estos túneles de trenes a barcos.

El paisaje alrededor de la ciudad es una línea plana e infinita de las pampas. Hemos trabajado algunos proyectos en tal condición, con edificios aislados. Por ejemplo, en un concesionario de maquinaria agrícola frente a una carretera nacional. Es un edificio muy simple, muy agrícola, pero al girar,

7.

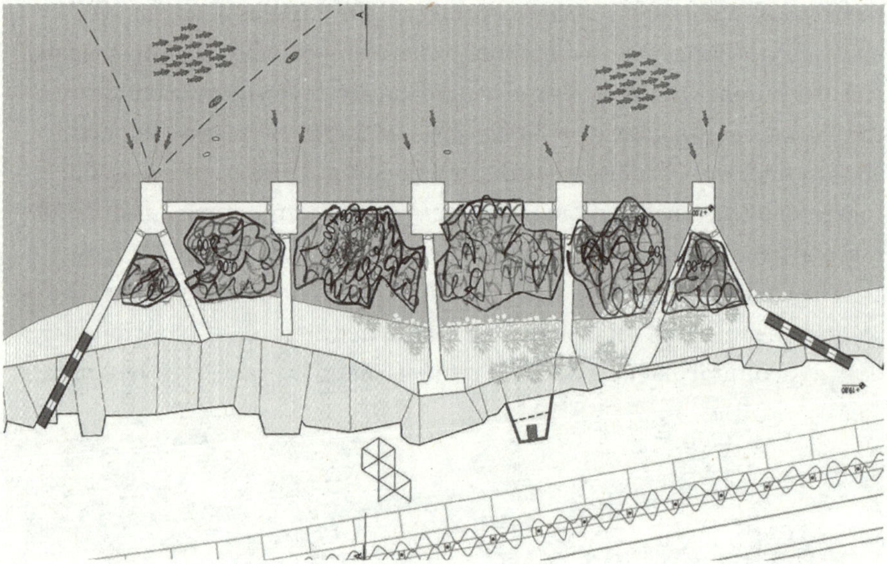

8.

building, very agricultural. In the center of the construction, the materials. The volume of the building disappears, and it becomes a kind of sharp knife.

In the countryside, I always pay attention to those construction projects. They are all over the place, and I like them a lot. This small construction, like warehouses, that I think are very nice. They're very beautiful because they were made without any conditions, without any preconceptions.

I have a photographer friend who had an existing house in a very small town that he bought many years ago. He asked me to design his studio as a photographer on this site.

For the project, I started thinking of a huge window because I thought that it would be nice from the interior to look outside the countryside because it's very close to the landscape. But then, he told me that maybe people will throw stones at the glass or maybe they will see too much of the interior. So, I thought that maybe without that window, the product definitely would be nicer, not

---

desde uno de sus costados, el volumen del edificio desaparece: se convierte en una especie de cuchillo afilado.

En el campo, siempre presto atención a esos edificios. Están por todas partes y me gustan mucho. Pequeñas construcciones, como almacenes, muy bonitos, hermosos porque se hicieron sin condiciones, sin prejuicios.

Un amigo fotógrafo tenía una casa en un pueblo muy pequeño. La había comprado hacía muchos años y me pidió que diseñara su estudio de fotografía en ese sitio.

Comencé a pensar en una ventana enorme que sería agradable desde el interior: ver el campo. Pero mi amigo me dijo que tal vez podrían lanzar una piedra al cristal, o que se vería demasiado el interior. Entonces pensé que sin esa ventana el producto definitivamente sería más agradable, y no solo por razones formales, porque al final el volumen pesado flota sin una ventana. Me gusta de esta manera, con la apertura solo en la parte inferior. Lo que estoy

only for formal reasons, because, in the end, the heavy volume floats without a window. I like it this way, with this opening just at the bottom. What I'm trying to say is that sometimes, the client can say something more interesting than what we thought. It's important to have that kind of flexible attitude so we can think and then make a decision. I prefer to be always open and listen.

The building is very tiny, 500 square feet. It is located in a typical small town in Argentina that doesn't have any value in terms of architecture, so it's a collection of bad buildings and cables, pollution of things. When I went to the studio, I noticed that he had his photos of the countryside. I thought that those pictures, conceptually speaking, were the original windows of my first idea, meaning that the window of the project is his camera. He can see the landscape through the camera, and then I thought that it was more interesting to have the exterior connected with his camera.

---

tratando de decir es que a veces el cliente puede decir algo más interesante de lo que al inicio pensábamos. Es importante tener ese tipo de actitud flexible para que podamos pensar y tomar una decisión. Prefiero estar siempre abierto a escuchar.

El edificio es pequeño, apenas quinientos pies cuadrados. Se encuentra en un pueblito típico en Argentina que no tiene valor en términos de arquitectura. Hay en cambio una colección de edificios y cables, contaminación de cosas. Cuando fui al estudio de mi amigo noté que tenía sus fotos del campo. Pensé que esas imágenes, hablando conceptualmente, eran las ventanas originales de mi primera idea, lo que significaba que la ventana del proyecto era su cámara. Podía ver el paisaje a través de ella, de modo que era más interesante conectar el exterior a través de su cámara.

La última casa que he estado haciendo también es una casa rural, básica, tipológicamente similar a las que podemos encontrar en Argentina. Me gusta hacer las casas de un solo piso para que la gente pueda caminar por el suelo y

9.

10.

11.

12.

13.

The last house I've been doing recently is also a very basic rural house that we can find in Argentina. I like to make the houses one story high so people can walk on the ground and not use the stairs to go up. This very isolated house, in a way, relates to these abandoned houses in the countryside.

The line that we see there on the horizon is to a distance of 13 kilometres. That means when we walk in this flat landscape, we are in the center of a circle radio of 13 kilometers. But that line that we see there doesn't exist because if we walk to the line, it keeps being 13 kilometers away. That means that what we see in this very simple picture is an illusion. We are in the center of a circumference, which is interesting because we usually imagine the line as an endless line.

The last thing I will show is our participation in the Argentina pavilion for the Venice Biennale in 2021. The title of the Biennale was "How we will live together," and Hashim Sarkis was the curator. "How we will live together"

---

no usar las escaleras para subir. Esta casa está muy aislada, pero de alguna manera se relaciona con esas otras casas de pueblo, abandonadas en el campo.

La línea que vemos en el horizonte está a una distancia de trece kilómetros. Eso implica que cuando caminamos en un paisaje plano, estamos en el centro de un círculo con un radio de trece kilómetros. Sin embargo, esa línea que vemos no existe, porque si caminamos hacia la línea, sigue estando a trece kilómetros de distancia. Es una ilusión. Estamos en el centro de una circunferencia, lo cual resulta interesante porque normalmente imaginamos la línea como una línea interminable.

Lo último que mostraré es nuestra participación en el pabellón argentino para la Bienal de Venecia en 2021. El título de la bienal era "Cómo viviremos juntos", y Hashim Sarkis fue el curador. Estando en el pabellón de Argentina, pensamos que "vivir juntos" no podía ser una casa individual, sino la casa infinita que es el mundo. Nacemos aquí, desapareceremos aquí

being in the pavilion of Argentina, we thought that we could live together not in an individual house but rather within the infinite house that is the world. We are born here, we will disappear here, and we will spend our lives in this world, likely unable to explore every corner of this vast home where we live.

We start with some images of anonymous houses in Argentina that we call "sausage houses" or "casa chorizo," which is a house that has lots of similar rooms. Then we start looking for images to inspire our ideas. Pictures from artists and paintings that also make a portrait of the "sausage house" as part of our inspiration. Colours that come from the blood of the animal, the pink was the first color in Argentina, even the government house. Then, the idea of "how we will live together" present in paintings of very well-known artists. The idea of repetition. The courtyard is probably the first community house in Argentina where the immigrants came and shared when they arrived in the country.

---

y pasaremos nuestra vida en este mundo, probablemente incapaces de explorar cada rincón del vasto hogar donde vivimos.

Comenzamos a trabajar con algunas imágenes de casas anónimas en Argentina, a las que llamamos "casas chorizo". Son casas con muchas habitaciones similares. Luego buscamos imágenes para inspirar nuestras ideas. Fotos de artistas, pinturas que también hicieran un retrato de las casas chorizo, con colores que provienen, por ejemplo, de la sangre del animal. El rosa fue el primer color en Argentina, incluso en la Casa del Gobierno. Después, exploramos la idea de "cómo viviremos juntos" en pinturas de artistas muy conocidos... La idea de la repetición... Y el patio, que probablemente sea la primera casa comunitaria en Argentina, donde los inmigrantes compartieron cuando llegaron al país.

Esa idea de la repetición de las mismas habitaciones y de los patios en una casa infinita se volvió central. Lo interesante de la casa chorizo es que los programas, como el baño o la cocina, el dormitorio y la sala de estar, están

14.

That idea of having a repetition of the same rooms in an endless house becomes central. The interesting thing about the house is that the whole program, meaning the bathroom, the kitchen, the bedroom, and the living room, are all the same size, which is four meters by four meters. So we replicated that typology, and with that idea, we got to Venice to create the pavilion.

All the projects that we showed in the pavilion that year were about community housing. But, how to show them? We thought if this was a house, we could make beds and tables, and we could put the furniture into the house. So, the people entering this house would walk through what we call an "infinite house." Of course, the wall of the house is pink, as I explained before, and in order to build the wall we designed one element, only one, that is repeated 244 times to make this house infinite. This meant that, depending on the structure, I can add more panels and it doesn't end or begin. It's a fragment

---

construidos en las mismas dimensiones, cuatro metros por cuatro metros. Así que replicamos esa tipología. Con esa idea llegamos a Venecia y creamos nuestro pabellón.

Todos los proyectos que mostraríamos en el pabellón trataban sobre viviendas comunitarias. Pero ¿cómo mostrarlos? Pensamos que, si esto fuera una casa, podríamos hacer muebles, camas y mesas. Las personas que ingresaran caminarían a través de lo que llamamos una "casa infinita". Por supuesto, la pared de la casa es rosa, como expliqué antes, y para construir la pared diseñamos un elemento, solo uno, que se repite 244 veces para hacer esta casa infinita. Esto significa que, dependiendo de la estructura, puedo agregar más paneles, de manera que la casa no termina ni comienza. Es un fragmento de una pared más grande. Tuvimos que construir los paneles en Padua, cerca de Venecia, y luego estos paneles llegaron al pabellón para ser ensamblados juntos.

of a larger wall. We had to build the panels in Padova, a city near Venice in Italy, too. Then, the panels arrived at the pavilion to be assembled together.

We wanted the tables to feel alive. That's why we envisioned people eating or drinking on them. We also wanted the projects to feel alive, so people could interact with them by touching the surface. This was the main idea behind our project: to demonstrate how we can live together while showcasing our architecture in Argentina.

All the projects that we presented were made as infinite, so we took one picture of the existing buildings that we wanted to show, and then we repeated them to create a pattern for the tables. We used buildings from different parts of Argentina, but also, in the 15 days we spent in Venice, we realized that the city is infinite. It repeats itself with the same windows and the same colors, and the buildings are different but more or less all the same.

When the Biennale is finished, you have to dismantle the pavilion, and you don't know what you can do with all this garbage that you created for the

---

Queríamos que las mesas se sintieran vivas. Por eso imaginamos que las personas podrían comer o beber sobre ellas. Y también queríamos que los proyectos estuviesen vivos, así que la gente los podría tocar en la superficie. Esa fue la principal idea detrás de nuestro proyecto: mostrar cómo podemos vivir juntos y mostrar también nuestra arquitectura en Argentina.

Todos los proyectos que presentamos fueron diseñados para ser infinitos, así que tomamos una foto de los edificios existentes y en seguida los repetimos para crear un patrón para las mesas. Usamos edificios de diferentes partes de Argentina.

En los quince días que pasamos en Venecia nos dimos cuenta de que esa ciudad también es infinita. Se repite a sí misma, con las mismas ventanas y los mismos colores, y si bien los edificios son diferentes, son finalmente más o menos todos iguales.

Cuando termina la bienal, tienes que desmantelar el pabellón, y no sabes qué hacer con toda esa basura que creaste. Son eventos que generan mucha

15.

16.

Biennale because these are events that create a lot of garbage. So, we thought that maybe we could reuse these panels as an exercise for students, for a studio. What if we designed a bridge with those panels? Or a path? Could we maybe make a ramp for when water floods San Marco's square, or goes through the bridges in Venice? These are just ideas of how the pavilion could become something else.

Venice is famous because there are a lot of representation theatres that are floating in the water, and when I was a student, the "Teatro del Mondo" by Aldo Rossi was a famous project done for a Biennale. This project always floated and went from one place to another through the canals of Venice, and it was fascinating. I thought maybe I could take my pavilion and also put it into a boat and bring it back to Rosario because Rosario and Venice are connected by water. That's when you realize how deep we could go with the project. We could sail in the boat from Venice to Argentina, and the people of

---

basura. Pensamos que tal vez podríamos reutilizar estos paneles como un ejercicio para estudiantes, para un taller. ¿Qué tal hacer un puente con esos paneles? ¿O un camino? Cuando el agua entra en la plaza de San Marcos, ¿podemos hacer una rampa? ¿O pasar por los puentes en Venecia? Son solo ideas de ejercicios sobre cómo el pabellón podría convertirse en algo más.

Venecia es famosa porque hay muchos teatros de representación que flotan en el agua y, cuando yo era estudiante, el Teatro del Mondo, de Aldo Rossi, fue un proyecto famoso realizado para una bienal. El proyecto siempre flotaba e iba de un lugar a otro por los canales de Venecia. Fascinante. Pensé que, al modo de Rossi, tal vez podría llevar mi pabellón y ponerlo en un barco y traerlo de vuelta a Rosario, porque Rosario y Venecia están conectadas por el agua. Ahí es cuando te das cuenta de lo profundo que podríamos ir con el proyecto. Podríamos navegar en el barco desde Venecia hasta Argentina, y la

Rosario would say "the infinite house is coming from Italy". People would have a celebration because the project was arriving in Rosario.

In Venice, the city is supported by underground pillars you don't see because they're under the island. I found this painting in which Fabrizio Clerici, a painter from Rome thought, "How would Venice look without water?" It's extraordinary because Venice without water would look completely different: buildings supported by thousands of wooden structures.

In front of Rosario, we also have that kind of structure because the water goes up and down, and one must be kept at water level. I never thought I would find any relationship between Venice and Rosario.

Last year I was doing a building, and we had to finish the entrance gate on the ground floor. It ocurred to me that maybe I could reconstruct part of the pavilion with the same dimensions, same colours, same metal panels, and make the front of the building with the pavilion. I asked my client if he liked it, and he

---

gente de Rosario diría: "La casa infinita viene de Italia". La gente haría una celebración porque el proyecto estaba llegando a Rosario.

En Rosario, igual que en Venecia, tenemos estructuras similares al nivel del agua. Encontré una pintura en la que Fabrizio Clerici, pintor de Roma, se dedicó a pensar cómo veríamos Venecia sin agua. Es extraordinario, porque Venecia sin agua se vería diferente por completo: edificios soportados por miles de estructuras de madera.

Frente a Rosario, también tenemos ese tipo de estructura, por lo que digo: el agua sube y baja, y hay que estar al nivel del agua. Nunca pensé que encontraría tales coincidencias entre Venecia y Rosario.

El año pasado estaba haciendo un edificio y teníamos que terminar la puerta de entrada en el primer piso. Se me ocurrió que tal vez podría reconstruir parte del pabellón de Venecia con las mismas dimensiones, los mismos colores, los mismos paneles de metal. Le pregunté a mi cliente si le gustaba, y él respondió:

17.

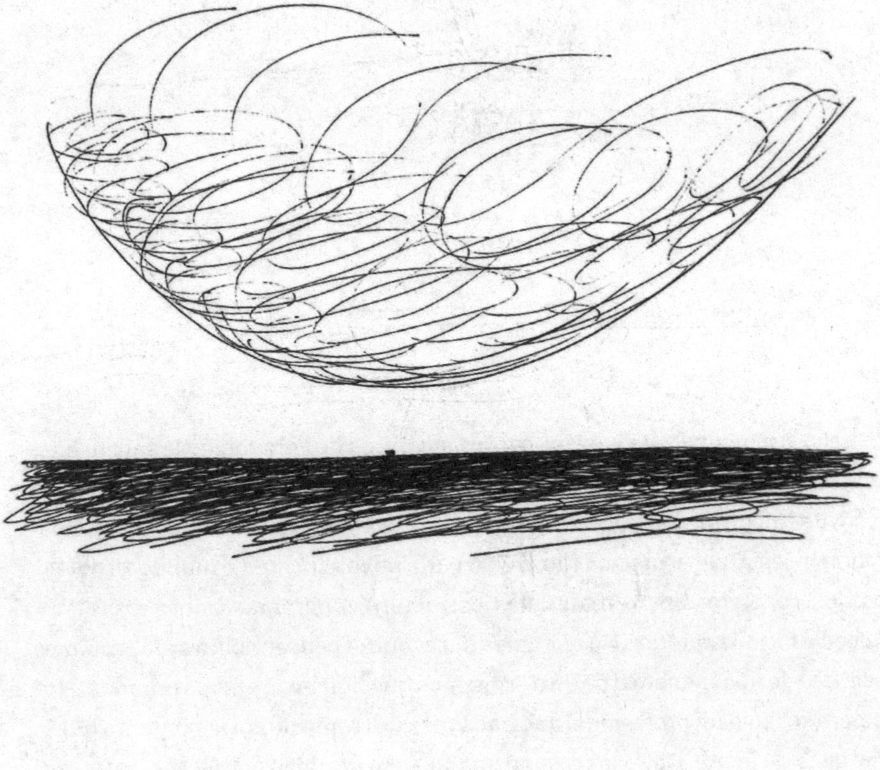

said "Well, it is unusual". I don't know if unusual means nice or not but, you know, it was a surprise.

This profession has two different universes. The first one is what we call the theory, the poetry, the philosophical speculation. But then you have the other side of the coin, which pertains the tangible building: the money, materials, the structure, the program. These two things have to work together. We cannot make architectural thinking only one or the other way; we have to deal both sides. I don't want to be a professional that only give answers to the question that the client asked me. So, I give answers to that question, but then also I offer others. I give them other possibilities. I found a way of working within that balance, and it doesn't matter if the project is big or small.

"Bueno, es inusual". No sé si inusual es sinónimo de agradable. Ya saben, fue una sorpresa.

Nuestra profesión tiene dos universos diferentes. Uno es lo que llamamos teoría, poesía, especulación filosófica. Pero luego está el otro mundo, el del edificio concreto: dinero, materiales, estructura, programa. Ambas cosas deben funcionar juntas. No podemos hacer que el pensamiento arquitectónico sea solo de una manera o de otra. Tenemos que lidiar con ambos mundos. No quiero ser solo un profesional que nada más dé respuestas a la pregunta que me hace el cliente. Doy esas respuestas, sí, pero también doy otras. Doy otras posibilidades. Encontré una forma de trabajar de esa manera y no importa si es un proyecto pequeño o grande.

Gerardo Caballero

Born in Totoras, Santa Fe, Argentina in 1957, Gerardo Caballero studied architecture in Rosario, Argentina. Between 1983 and 1985, he gained professional experience as an intern at the Corea / Gallardo / Mannino studio in Barcelona, Spain. He earned a Master's degree in Architecture from Washington University in St. Louis in 1986 and established his own practice in Rosario, Argentina in 1988. Since 1993, he has served as a professor in Washington University's International Graduate Programs in Barcelona and Buenos Aires. Caballero has been a visiting professor at prestigious institutions including the University of Kansas, Harvard University, Pontificia Universidad Católica de Chile, the University of Michigan, and Universidad Andrés Bello in Santiago, Chile, among others. He has lectured at numerous universities and architecture schools in Argentina, Bolivia, Brazil, Chile, Colombia, Costa Rica, Spain, the United States, Mexico, Paraguay, and Uruguay. Caballero has won numerous awards in national and international architecture competitions, and his work has been published widely in Europe and the Americas. He served as the curator of the Argentine Pavilion at the 17th Venice Architecture Biennale.

Nacido en Totoras, Santa Fe, Argentina en 1957, Gerardo Caballero estudió arquitectura en Rosario, Argentina. Entre 1983 y 1985, adquirió experiencia profesional como practicante en el estudio Corea / Gallardo / Mannino en Barcelona, España. Obtuvo una maestría en Arquitectura en la Universidad de Washington en St. Louis, en 1986. En 1988, fundó su propio estudio en Rosario, Argentina. Desde 1993 es Profesor en los Programas Internacionales para Graduados que Washington University ofrece en Barcelona y Buenos Aires.

Caballero ha sido profesor invitado en prestigiosas instituciones, como la Universidad de Kansas, la Universidad de Harvard, la Pontificia Universidad Católica de Chile, la Universidad de Michigan y la Universidad Andrés Bello en Santiago de Chile, entre otras. Ha dado conferencias en diversas Universidades y Colegios de Arquitectos en Argentina, Bolivia, Brasil, Chile, Colombia, Costa Rica, España, Estados Unidos, México, Paraguay y Uruguay. Ha recibido numerosos premios en concursos nacionales e internacionales de Arquitectura, y su trabajo ha sido publicado en Europa y América.

Fue curador del pabellón de Argentina en la 17 Bienal de Arquitectura de Venecia.

www.gerardocaballero.com

Table of images
Índice de imágenes

1. Walter Salcedo
Aerial view of the city of Rosario and the Paraná River, Argentina.
Vista aérea de la ciudad de Rosario y el río Paraná, Argentina.

2. Gustavo Frittegotto
View from inside one of the apartments, overlooking the industrial facilities along the Paraná River.
Vista desde el interior de uno de los departamentos desde donde se aprecian las instalaciones industriales del río Paraná.

3. Walter Salcedo
Site of the former silo facing the Paraná River, where the real estate development took place.
Sitio del antiguo silo frente al rio Paraná donde se desarrolló el conjunto inmobiliario.

4. Gerardo Caballero
Remains of the old trusses from the dismantled warehouses.
Restos de las antiguas cerchas de los galpones que fueron desmontados.

5. Gerardo Caballero
Construction of the hotel on top of the repurposed silos.
Construcción del hotel en la parte superior de los antiguos silos reconvertidos.

6. Estudio Caballero-Fernández
Concept image of the reuse of the warehouse structures.
Imagen objetivos de la reutilización de las estructuras de los galpones.

7. Estudio Caballero-Fernández
Concept image for the conversion of the port ruins on the river.
Imagen objetivo para la reconversión de ruinas del puerto en el río.

8. Estudio Caballero-Fernández
Photomontage of the proposed new riverside promenade aimed at recovering the port ruins.
Espacio interior del espacio interactivo al interior del antiguo túnel de carga.

9. Gustavo Frittegotto
Interior space of the interactive area inside the former loading tunnel.
Espacio interior del espacio interactivo al interior del antiguo túnel de carga.

10–11. Gustavo Frittegotto
Front and side views of the building for an agricultural machinery dealership facing the national highway.
Frente y lateral del edificio para concesionario de maquinaria agrícola frente a la carretera nacional.

12: Gustavo Frittegotto
Exterior view of the photographer's house, featuring a sloped roof reminiscent of traditional rural warehouses.
Vista de la casa del fotógrafo desde el exterior con su cubierta inclinada que recuerda los antiguos galpones rurales.

13. Gerardo Caballero
Old rural house, a typical Argentine dwelling, located in the pampas outside the city of Rosario.
Antigua vivienda rural, típicamente argentina, en la pampa a las afueras de la ciudad de Rosario.

14. Gerardo Caballero
Photographic study of continuous facade houses known as "chorizo houses," conducted for the Argentine Pavilion at the Venice Architecture Biennale.
Estudio fotográfico de las viviendas de fachada continua conocidas como casa "chorizo" realizado para el pabellón argentino en la Bienal de Arquitectura de Venecia.

15. Gerardo Caballero
Interior view of the parking area, with the facade following the modular design of the panels for the Venice Biennale exhibition.
Vista interior del aparcamiento con la fachada siguiendo la modulación diseñada para los paneles de la muestra en la bienal de Venecia.

16. Ivo Poli
Sequence of panels creating the series of interior spaces in "The Infinite House," the Argentine Pavilion at the Venice Biennale.
Secuencia de paneles que van generando la secuencia de espacios interiores de "La casa infinita", pabellón de argentino en la Bienal de Venecia.

17. Gerardo Caballero
Sketch depicting the idealization of the Argentine pampas and its infinite space.
Croquiz muestra la idealización de la pampa Argentina y su espacio infinito.

Against the blank canvas

04

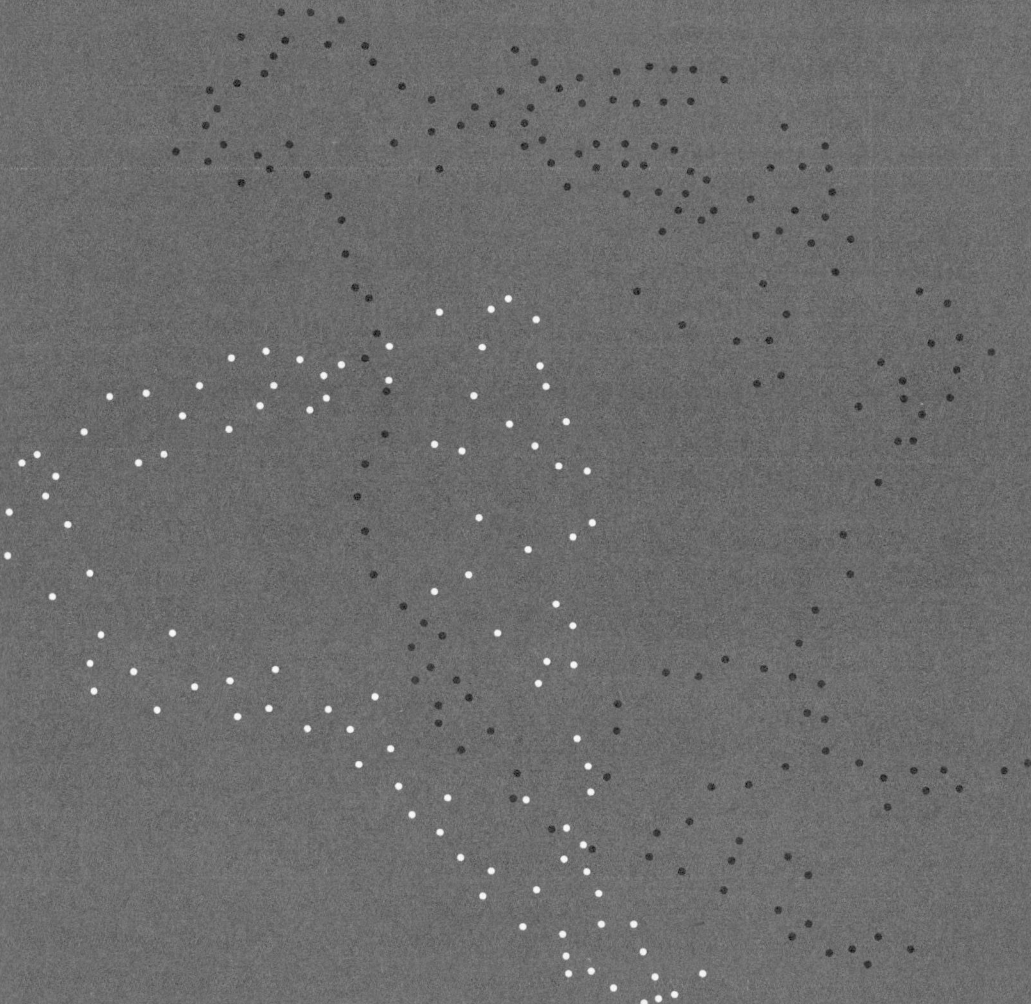

JAVIER SÁNCHEZ

Contra el lienzo en blanco

At least in Mexico, several excellent architects worked —at some point in their lives— on projects for clients who were developers, or even became developers themselves, as in the case of Barragán and El Pedregal, that fantastic 300-acre area within Mexico City. They aren't really known for this part of their work. Barragán, in particular, is better known for his seven houses and the Capuchinas Convent, which is what earned him the Pritzker Prize. But in reality, he was deeply committed to experimenting with the city and the possibility of building a better place to live, very similar to Frank Lloyd Wright, who, at one point, proposed a similar development idea with his "Broadacre City."

Many architects understand the potential of using architecture as a tool to think about the city, to create buildings in the city that may not have been built yet, and to experiment with new ideas for the city through them. I like the idea of an architect being able to face themselves and their

---

Al menos en México, varios arquitectos excelentes realizaron —en algún momento de sus vidas— proyectos para clientes que eran desarrolladores o, incluso, ellos mismos fueron desarrolladores, como en el caso de Barragán y el Pedregal, esa fantástica área de trescientos acres dentro de la Ciudad de México.

Realmente no son conocidos por esa parte de su trabajo. Barragán es más conocido por sus siete casas y el convento de las Capuchinas. Eso es lo que le valió el Premio Pritzker. Pero la realidad es que él estaba comprometido en experimentar con la ciudad y con la posibilidad de construir un lugar mejor para vivir, muy similar a Frank Lloyd Wright, quien propuso una idea de desarrollo del mismo tipo con su Broadacre City.

Muchos arquitectos entienden la posibilidad de usar la arquitectura como una herramienta para pensar la ciudad: realizar edificios que quizás no se hayan construido aún y experimentar así con nuevas ideas. Me gusta que un arquitecto pueda enfrentarse a sí mismo y a su proyecto sin tener un cliente, manteniendo un ojo en la ciudad y buscando oportunidades en donde desarrollar algo.

project without having a client, keeping an eye on the city, and looking for opportunities to develop something.

Based on that idea, I prepared some material related to recycling. I will focus on the ideas we follow in the office to intervene in recycled buildings, converting them into new programs while considering their contribution to the city's construction.

The first building I'll refer to is a project that became a hotel but wasn't originally a hotel. It's located right in front of Parque España in the Condesa neighborhood of Mexico City. It used to be apartments and, at some point, fell out of use; it was somewhat surprising that it became empty in such a fantastic neighborhood. I think this is perhaps what makes it interesting—the idea of how to intervene in these existing structures and repurpose them to bring them back to life. So, in this case, the first thing we did was understand that we had to intervene on a historical "landmark."

A partir de esa idea preparé algo de material relacionado con el reciclaje. Me centraré en las ideas que seguimos en la oficina para intervenir en edificios reciclados a fin de convertirlos en nuevos programas y teniendo en cuenta su aporte a la construcción de la ciudad.

El primer edificio al que me referiré es un proyecto que se convirtió en un hotel, pero que inicialmente no lo era, no era un hotel. Está justo enfrente del Parque España en la Colonia Condesa de la Ciudad de México. Solían ser apartamentos, y fueron perdiendo vigencia hasta dejar de usarse. Resultaba algo extraño que todo eso estuviese un poco vacío, desocupado, porque es un vecindario fantástico. Es lo interesante: cómo intervenir en estructuras existentes y reconvertirlas para devolverles la vida. En este caso, lo primero que hicimos fue entender que intervendríamos un "hito" histórico.

Obviamente, no podíamos demoler la fachada. Decidimos mantener la primera habitación manteniendo así la pared de la fachada y la primera pared interior. Luego demolimos el resto de las construcciones para crear un patio.

We couldn't, of course, demolish the façade. We decided to preserve the first room, thus maintaining the façade wall and the first interior wall. Then, we demolished the rest of the structure to create an interior courtyard. In this case, the courtyard became the heart of the project and where we invested much of our energy. The courtyard is not just a space; it's an experience of the whole ensemble. Before the intervention, we only had small light and air patios for the apartments. After the renovation, the large open space we created for light became the heart of the project.

On top of the existing structure, we added a floor and a rooftop on this new level, which could be used collectively. Essentially, we emptied the interior of the building, preserving the perimeter, but from the outside, this transformation is not obvious.

When we carried out the demolitions and left those two original walls parallel to the street standing, an impressive space emerged. This type of work

---

Este patio interior sería el corazón del proyecto y donde colocaríamos mucha energía. No es tan solo un espacio. Es una experiencia del conjunto. Antes, teníamos solo pequeños patios de luz y aire para los apartamentos. Después de la renovación, el amplio espacio que abrimos para la luz se transformó en el corazón de nuestro proyecto.

Sobre el edificio existente, añadimos un piso y una azotea en ese piso nuevo, que se podría usar de manera colectiva. Básicamente, vaciamos todo el interior del edificio y mantuvimos el perímetro, pero desde el exterior no es evidente.

Cuando realizamos demoliciones y dejamos en pie aquellos dos muros originales, paralelos a la calle, apareció un espacio impresionante. Estas obras son así: el proceso hace aparecer cosas que de repente desaparecen cuando se termina el edificio.

Añadimos una estructura metálica para agregar circulación a las habitaciones y a las nuevas partes del edificio que le aportan estructura. Agregamos también pantallas a los corredores que dan al patio, las cuales se

1.

2.

3.

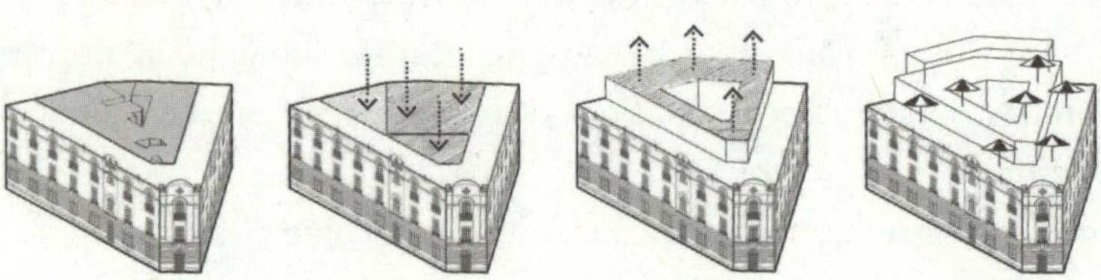

is like that—the process brings things to light that may disappear once the building is finished.

We added a metal structure to provide circulation to the rooms and new parts of the building, giving it structural support. We also added screens to the corridors that face the courtyard, which can open and close, creating an illusion of more space for the hallways. They also play with the sunlight at different times of the day and in different seasons, creating a sense of seeing and not seeing people walking through the corridors. This dual condition of hotel guests and city visitors or employees interacting is very interesting and is part of the courtyard experience I mentioned above. I love the hotel courtyard because it creates space for that interaction. The courtyard, with the screens opening and closing, gives the illusion that the space changes daily, even hourly.

From the outside, it's not really apparent that a new structure exists on top of the original one; it's discreet. In this way, the 1928 building appears

---

abren y cierran creando una ilusión de mayor espacio para los pasillos. También juegan con la luz del sol en las distintas horas del día y en las distintas estaciones del año, de modo que se ofrece una sensación de ver y no ver a la gente que camina por los corredores. En los hoteles, creo, se da a menudo esa condición dual de visitantes y personas de la ciudad o empleados que interactúan. Es una interacción muy interesante y forma parte de la experiencia del patio de la que hablaba un poco más arriba. Me gusta el patio del hotel porque genera el espacio para esa interacción. El patio, con las pantallas que se abren y cierran, crea la ilusión de que el espacio cambia a diario, a cada hora.

Desde el exterior, realmente no se asume que exista una nueva estructura sobre la estructura original, pasa desapercibida. Pareciera que el edificio de 1928 sigue siendo el mismo, lo que también es hermoso si piensas, mirando la fachada, que la estructura es la estructura antigua, pero una vez que entras descubres que es totalmente nueva. Conviven ambas realidades.

unchanged, which I also find beautiful because you might think, looking at the façade, that the structure is the old one, but once you enter, you discover it's completely new. Both realities coexist.

I think it's really beautiful when space interacts with light. We treated the original interiors, existing interiors, and all the rooms in a way that makes it clear they are the originals, preserving some of the aura of this old building, which I think is essential. In contrast, in the interior courtyard, the building becomes very abstract, and it's not as obvious that it's a 1928 structure.

The top floor is camouflaged from the outside by being recessed, so you really don't notice it. It contributes to the illusion that nothing has changed with the building, but in truth, we added three floors to the program. New stories for the new program, such as the new roof over the new rooms where we created a bar and terraces with vegetation. From the rooftop, you also experience Parque España directly across the street, and in a way, it becomes

---

Es realmente hermoso cuando el espacio está jugando con la luz. Tratamos los interiores originales, los interiores existentes y todas las habitaciones, de una manera que deje claro que son las originales, para preservar un poco del aura de este edificio antiguo, lo que me parece esencial. En contraste, en el patio interior el edificio se vuelve muy abstracto y ya no es tan evidente que estemos en presencia de la misma estructura de 1928.

El último piso se camufla desde el exterior al estar retraído, así que de veras no lo notas. Aporta a construir la ilusión de que no ha pasado nada, pero en verdad añadimos tres pisos al programa. Historias nuevas para el nuevo programa, como el nuevo techo sobre las nuevas habitaciones donde creamos un bar y terrazas con vegetación. Desde la azotea también experimentas el Parque España justo enfrente y, de alguna forma, se constituye en una especie de continuo: el parque, el edificio histórico, el nuevo programa, el patio interior, la azotea.

4.

5.

6.

a sort of continuum: the park, the historic building, the new program, the interior courtyard, and the rooftop are part of a continuous experience.

Moving to another part of Mexico City, a more recent project is a building that, unlike the previous one, was not a historical landmark but rather a badly treated building that no one seemed to care about. I bring this up because recycling is not only about preserving iconic buildings that aren't protected but need to be cared for. It's also about reusing structures that make sense not to demolish, to avoid creating waste and using more energy to build anew, especially if there are structures that can be reused, rethought.

This building was already a hotel in the 1950s. It was called Jardín Amazonas and is now the Hotel Carlota, located near Reforma Avenue, the main thoroughfare in Mexico City.

When we arrived at this site in 2014, we didn't find a particularly charming structure.

Moviéndonos a otra parte de la Ciudad de México, un proyecto más reciente es un edificio que, a diferencia del anterior, no era un hito histórico sino más bien un edificio muy maltratado y que a nadie parecía interesarle. Lo traigo a colación porque reciclar no se trata solo de edificios emblemáticos que no están protegidos y que *debes* cuidar. También se trata de reutilizar estructuras que tiene todo el sentido no demoler, no crear basura con ellas y no usar más energía para construir de nuevo, especialmente si tienes elementos que se pueden reutilizar, repensar.

Este ya era un hotel en la década de 1950. Se llamaba Jardín Amazonas, hoy Hotel Carlota, muy cerca de la avenida Reforma, avenida principal en la Ciudad de México.

Cuando llegamos a este lugar en 2014, no nos topamos con una estructura precisamente encantadora. Alguien había considerado cubrir la fachada original con una horrible estructura de cristal espejado. En el interior habían agregado algunas estructuras al patio, que por ello sufría de falta de luz y

At some point, someone decided to cover the original façade with a horrible mirrored glass structure. Inside, additional structures had been added to the courtyard, resulting in a lack of light and space. It had lost its appeal. But when we arrived, we immediately saw many opportunities and came up with some strategies.

The first was to use a site adjacent to the building where we created a new volume. The idea was to create a new access point to the courtyard, an entrance that takes you directly to the courtyard without passing through the original building. As in the previous case, we wanted to recover the courtyard as the heart of the spatial experience, creating a sort of surprise upon entering.

As with any project, there wasn't enough money to make everything new. That's how the world works, or at least my world. Maximizing what already existed was again fundamental. We had to decide where to put the available resources to recycle this building. We decided not to touch the façade, despite everything. It was a sort of statement: The building had already been modified

---

espacio. Había dejado de ser agradable. Pero apenas llegamos entendimos que había también muchas oportunidades y entonces ideamos estrategias.

Lo primero fue usar un sitio adyacente al edificio, donde creamos un nuevo volumen. La idea fue generar un nuevo acceso al patio, una entrada que te llevase directamente al patio sin pasar por el interior del edificio original. Creando, como en el caso anterior, una suerte de sorpresa al ingresar, queríamos recuperar el patio como corazón de la experiencia espacial.

Igual que en cualquier proyecto, no había suficiente dinero para hacer todo nuevo. Así funciona el mundo, o al menos mi mundo. Recuperar al máximo lo existente fue de nuevo algo fundamental. Tuvimos que decidir dónde poner los recursos disponibles para reciclar este edificio. Y decidimos no tocar la fachada a pesar de todo. Fue como una especie de declaración: el edificio ya había sido modificado y tenía esta horrible fachada, pero era lo que teníamos.

Lo que decidimos hacer, en cambio, fue aprovechar al máximo el patio, destinar allí los recursos. Una vez que entrabas por este nuevo acceso,

7.

8.

9.

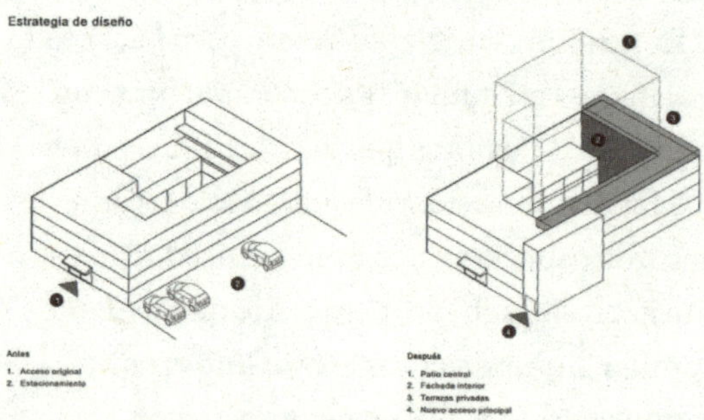
Estrategia de diseño
Antes
1. Acceso original
2. Estacionamiento
Después
1. Patio central
2. Fachada interior
3. Terrazas privadas
4. Nuevo acceso principal

and had this terrible façade, but that's what we had. Instead, we decided to make the most of the courtyard, focusing resources there. Once you entered through this new access, you'd go directly to the courtyard and then exit the building from inside through the lobby. From the inside looking out, you'd experience the city through the façade.

We added an additional floor to part of the building, as well as the new access point. Then, we slightly modified the ground floor plan. The façade was intervened very little to make it transparent on the ground floor, so people walking by could take a glimpse of what's happening inside and perhaps be encouraged or invited to come in, somehow.

We also added a screen made of black cement blocks, which in a way is a nod to the 1950s, when the building was constructed. It also dialogues with another nearby building by the architect Mario Pani, an important figure in Mexico, which also features these screens. So, we wanted the building to somehow connect with the 1950s, the period when much of this area of the

---

llegarías directamente al patio para luego salir por el interior del *lobby*. Desde adentro hacia afuera, vivirías —a través de la fachada— la ciudad.

Añadimos un piso adicional en una parte del edificio, además del nuevo acceso. Después, modificamos un poco el plano del primer nivel. La fachada fue intervenida muy poco para hacerla transparente en el primer piso, solo en la planta baja, para que la gente que va caminando por la calle pueda echar un vistazo a lo que está pasando dentro y tal vez se sienta alentada o invitada a entrar.

También sumamos una pantalla en bloques de cemento negro que es como un guiño a los años cincuenta, cuando fue construido el edificio, y que dialoga con otro edificio cercano realizado por el arquitecto Mario Pani, importante en México. Este otro edificio tiene también pantallas. Quisimos que nuestro edificio se conectara con los años cincuenta, cuando se construyó parte importante de esta área de la ciudad. La pantalla de bloques también permite ese juego de ver y no ver del que hablé antes, posibilitando

city was built. The block screen also allows for the play of seeing and not seeing that I mentioned earlier, enabling a kind of relationship between people in the pool, in the public area, and those going to their rooms. So instead of looking at the corridor facade, which was poorly designed, we added a screen that enhances the experience of walking through that hallway to your room. We were a bit playful with this project.

The hotel is named Carlota, after Carlota, the wife of Maximilian of Habsburg, the brief emperor of Mexico when the conservatives brought him from Austria. It was a very strange moment in Mexican history. Carlota and Maximilian built Reforma, which is a huge avenue, the most important in the city. We named the hotel Carlota in her honor, but then we opened the door to be eclectic and bring in things from other times, creating a kind of collage within the project.

As I mentioned, we overlooked the glass façade, which we preserved, but we only made the ground floor transparent to invite people to experience

---

un tipo de relación entre las personas, las que están en la piscina, las que están en el área pública y las que van a sus habitaciones. En lugar de mirar esa fachada del pasillo, que estaba mal diseñada, añadimos una pantalla que mejora la experiencia de pasar por el pasillo hacia la habitación. Fuimos algo juguetones con este proyecto.

El nombre del hotel es Carlota, y Carlota fue la esposa de Maximiliano de Habsburgo, breve emperador de México cuando los conservadores lo trajeron desde Austria. Fue un momento muy extraño en la historia mexicana. Carlota y Maximiliano construyeron Reforma, una avenida enorme, se diría que la más importante de la ciudad. Al hotel lo llamamos Carlota en su honor, pero luego abrimos la puerta para ser eclécticos y traer cosas de otras épocas y hacer una especie de *collage*.

Como comenté, pasamos por alto la fachada acristalada, que conservamos, pero solo hicimos transparente el piso térreo para invitar a la gente a experimentar la cocina del restaurante y la piscina que se puede ver desde

10.

11.

the restaurant's kitchen and the pool, which can be seen from the street. We also added a store on the ground floor. Again, we provided some continuity to the public space.

The next project we did was in a protected structure in the historic center of the city, located one block from the Zócalo, the main square in Mexico City. It was originally built in three phases. The first two floors were built at the same time, then the next two floors were built in a second phase, and the third and final stage was added later. It took a bit over 50 years to complete all these phases, and we added one more layer of history.

The façade was mainly built with masonry, but inside, there was a metal structure with glass blocks, which were once widely used as a very modern material. Initially, the original program was for offices, not a hotel. They were small offices, like little office condominiums that got some light from the

---

la calle. También puede verse una tienda que añadimos en la planta baja. Nuevamente le dimos cierta continuidad a lo público.

El siguiente proyecto lo realizamos en una estructura protegida en el centro histórico, emplazada a una cuadra del Zócalo, la plaza principal en la Ciudad de México. Fue originalmente construida en tres épocas. Las primeras dos plantas se construyeron al mismo tiempo; las dos siguientes plantas se construyeron en una segunda época y por último se añadió la tercera etapa. Tomó algo más de cincuenta años completar todas esas fases y nosotros agregamos una capa más de historia.

La fachada fue construida principalmente en mampostería, pero en el interior tenía una estructura metálica con bloques de vidrio que se usaron mucho en cierto momento, como un material muy moderno. El programa original era de oficinas, no un hotel, sino oficinas pequeñas, como pequeños condominios de oficinas que obtenían algo de luz desde ese tragaluz de bloques de vidrio del que hablaba. Tenía además un gran atrio que quisimos destacar.

12.

13.

14.

15.

16.

skylight made of glass blocks I mentioned. There was also a large atrium that we wanted to highlight.

We preserved the original structure because it was a seven-story building, and we didn't want to change its appearance. The strategy was again to maximize what already existed. We used the structure of the small offices toward the atrium as an entrance and working space within each room. Then, you cross a kind of threshold that leads into a darker entrance, walking toward the bedroom, which is totally white and bright, inviting you to rest. That's why the hotel is called Umbral. The creative work to rescue the structure even led to the name.

We used the original structure to fit as many rooms as possible. It's a 59-room hotel without making many demolitions—just a few, but not many.

Of course, we preserved most of the concrete structure that was already there. The upper-floor hallways were originally designed with glass blocks in the circulation areas to let in the daylight. This allows light to descend through

---

Mantuvimos la estructura original, porque era un edificio de siete pisos y no queríamos cambiar su fisonomía. La estrategia nuevamente fue aprovechar al máximo lo existente. Usamos la estructura de las pequeñas oficinas hacia el atrio como un espacio de ingreso y de trabajo dentro de cada habitación. Luego cruzas una especie de umbral que genera una entrada más oscura, caminando hacia el dormitorio, que es totalmente blanco y luminoso, con mucha luz invitándote a descansar. Y por eso el hotel se llama Umbral. El trabajo creativo para rescatar al máximo la estructura incluso permitió encontrar el nombre.

Usamos la estructura original para asignar tantas habitaciones como pudimos. Es un hotel de cincuenta y nueve habitaciones. Muchas demoliciones no hubo; hicimos algunas, pero no muchas.

Obviamente mantuvimos la mayor parte de la estructura de concreto que ya estaba allí. Los pasillos de las plantas superiores fueron diseñados originalmente con bloques de vidrio en las circulaciones para mantener la iluminación natural. Así se permite que la luz baje a través del atrio y el

the atrium, and the result is very pleasant, which we recovered as much as possible. Then, on the first level, there's a courtyard, where the atrium begins.

We added a new roof over the atrium that also allows light to come in; it's an additional, more contemporary element that the building didn't have. Again, like in other works, from the outside, you don't really notice the change. What stands out is that the building was restored. Again, we tried to make the new elements not obvious, more like a surprise, and not bring a new structure to the old façades. We joined the life of the building and its history.

We then designed a library to house the private collection of Carlos Monsiváis, a very important writer, storyteller, and intellectual in Mexico. It was located within a large complex called the Biblioteca de México, very important in the city. The building was originally a tobacco factory, a large industrial hall that occupied a whole block. Over time, it was transformed into a public library.

---

resultado es muy agradable, de modo que lo recuperamos al máximo. En el primer nivel hay un patio y es allí donde comienza el atrio.

Agregamos una nueva cubierta sobre el atrio que permite también que entre la luz; es un elemento adicional más contemporáneo que este edificio no tenía. De nuevo, como en otras obras, desde el exterior realmente no notas el cambio. Lo que destaca es que el edificio fue restaurado. Nosotros tratamos de hacer no evidente lo nuevo, más como una sorpresa. No es traer una nueva estructura a las antiguas fachadas, sino sumarnos a la vida del edificio y su historia.

Más tarde diseñamos una biblioteca para mantener la colección privada de Carlos Monsiváis, escritor e intelectual muy importante en México. Está dentro de un gran complejo llamado Biblioteca de México. El edificio fue en principio una fábrica de tabaco, una nave industrial que ocupa toda una manzana. Con el tiempo se convirtió en una biblioteca pública.

Desde hace algunos años se transformó más en centro cultural, ya que también es un espacio que alberga colecciones que algunos de los

17.

18.

19.

20.

21.

In recent years, it became a more cultural center, as it also houses collections that some of the most important intellectuals and writers in Mexico have donated. These are their personal archives, and some are displayed here for people to visit and see the books that were part of these writers' private collections. It was a project carried out by many architects, so we were a large group collaborating. The main design of the master plan was by Alejandro Sánchez and Bernardo Gómez-Pimienta. Some of us were tasked with designing small interventions within that complex.

The old industrial building spaces sometimes turn out to be wonderful.

The personal archives libraries in the old factory occupied spaces that weren't very large. In our case, it was designed in a small space, just one room that stretched from the courtyard to the street. The space we were intervening in already had some natural light, which had been incorporated earlier.

Some of the initial sketches aimed to create shelves that were everything, where you could walk along them and also inside or on top of them. The shelf

---

intelectuales y escritores más importantes en México han donado. Son sus archivos personales. Se exhiben aquí y las personas pueden visitarlos y ver los libros que fueron parte de las colecciones privadas de estos escritores. Fue un proyecto realizado por muchos arquitectos colaborando. El diseño principal del plan maestro fue de Alejandro Sánchez y Bernardo Gómez-Pimienta. Y a algunos nos tocó proyectar pequeñas intervenciones dentro de ese conjunto.

Los antiguos espacios de los edificios industriales resultan, en ocasiones, maravillosos.

Las bibliotecas de archivos personales que se hicieron en la antigua fábrica ocuparon recintos no muy grandes. En nuestro caso se proyectó, de hecho, en un espacio pequeño, solo una habitación que iba desde el patio hasta la calle. El espacio en el que estábamos interviniendo tenía algo de luz natural que ya se había incorporado en él con anterioridad.

Algunos de los bocetos iniciales tenían como objetivo crear estanterías en las que pudieras caminar a lo largo y también dentro o sobre ellas. La

not only became an independent piece of furniture on the wall, but also a ladder, a hallway. There are places where you enter the shelf, so it became more interactive, with a more pleasant narrative of the space; it wasn't so obviously a library. Playing with the shelves and creating a narrative of the space with them, to form a circuit with different possibilities for moving through it, more intuitively, if you like. Sometimes we would be on top of the shelves or use them as ladders. We also created little "pockets" where you could sit to read or work.

It's really a small space, but it has so many different spatial qualities.

We decided to invite Francisco Toledo, a very important artist from Oaxaca, Mexico, who was a friend of Carlos Monsiváis, to design the floors for the project, like a sort of carpet. We imagined that maybe cats, which Monsiváis loved, could be the theme of this carpet. Toledo started thinking that the right idea would be to use stone, different stones from Mexico. It was a truly

---

estantería no solo se convirtió en un mueble independiente en la pared, sino también en escalera, en pasillo. Hay lugares donde entras en la estantería, así que resultó más interactivo, con una narrativa más agradable del espacio, no tan evidentemente una biblioteca. Jugar con las estanterías y crear con ellas una narrativa del espacio, para constituir un circuito con diferentes posibilidades de recorrerlo, más intuitivo si se quiere. A veces estaríamos encima de las estanterías o las usaríamos como escalera. También se crearon pequeños "bolsillos" donde podías sentarte a leer o a trabajar.

Realmente es un espacio pequeño, pero tiene tantas cualidades espaciales diferentes.

Decidimos invitar al proyecto a Francisco Toledo, un artista de Oaxaca muy importante en México y que fue amigo de Carlos Monsiváis. Le invitamos a diseñar los pavimentos del proyecto, como una especie de alfombra. Nos imaginábamos que tal vez los gatos, que a Monsiváis le gustaban mucho, podrían ser el tema de esa alfombra. Toledo empezó a pensar que la idea

beautiful process working with him on it. Monsiváis and the cat suddenly appeared in the library.

Fábrica de Hielo, the name of the building where our current office is located, was originally, in fact, an ice factory. When we were thinking about and visiting the site to renovate the building, we remembered Lina Bo Bardi. She says, referring to the SESC Pompéia, that when she entered the abandoned factory, she found a beautiful structure, architecturally important. She was fascinated by the elegance of the structure. "The first thing I thought," says Lina, "was that we should keep this structure and not touch anything."

That's what we thought too when we found this building and decided to make it our office. In this case, it wasn't such a beautiful or subtle factory. It was a much rougher, even ugly factory, we'd say. And we decided to transform it into a place where people could experience what we call "local culture."

---

correcta sería utilizar piedra, diferentes piedras de México. Fue un proceso realmente hermoso trabajar con él. Monsiváis y el gato aparecieron de repente en la biblioteca.

Fábrica de Hielo, que es el nombre del edificio de nuestra actual oficina, originalmente fue, en efecto, una fábrica de hielo. Cuando estábamos pensando y visitando el lugar para renovar el edificio, nos acordábamos de Lina Bo Bardi. Ella dice por allí, refiriéndose al SESC Pompéia, que cuando entró en la fábrica abandonada encontró una hermosa estructura, arquitectónicamente importante. Se fascinó con la elegancia de la estructura. "Lo primero que pensé —dice Lina— fue que deberíamos mantener esta estructura y no tocar nada".

Eso fue lo que pensamos nosotros también cuando encontramos este edificio y decidimos que deberíamos hacerlo nuestra oficina. En este caso no era una fábrica tan bonita, ni tan sutil. Era una fábrica más bien ruda, incluso

The ice factory has a rooftop terrace with a beautiful view of a park. We built a terrace on the roof to have events, to recover water, and also to have views of the city.

We also decided to create a kind of communal space, a courtyard, at the access level where people could have coffee, a drink, or maybe hold a meeting. We believe in local culture. We believe in what Mexico City can give. We realized it was more important than just having an office; we also had to open up to the neighborhood, to the city.

So, we designed an open space where people can come and do many things. We also have a store where we sell what we call "local architecture." So, there, we offer books and design objects from local architects to visitors.

The interior space of the office is very simple. It's very minimalist. We kept the original concrete structure almost as we found it. We only added a few details, large windows, which create a lot of light inside the office space.

---

fea, diríamos. Y decidimos transformarla en un lugar donde la gente podría experimentar lo que llamamos "cultura local".

La Fábrica de Hielo tiene una terraza en la azotea, con una hermosa vista hacia un parque. Construimos una terraza para eventos, para recuperar el agua, también para tener vistas de la ciudad.

Decidimos hacer también una especie de espacio colectivo, un patio en el nivel de acceso, donde la gente pudiera tomar café o una copa o tal vez tener una reunión. Creemos en la cultura local. Creemos en lo que la Ciudad de México puede dar. Nos dimos cuenta de que era más importante que solo tener una oficina. También nos teníamos que abrir al vecindario, a la ciudad.

Entonces proyectamos un espacio abierto donde la gente puede venir y hacer muchas cosas. Tenemos una tienda donde vendemos lo que llamamos "arquitectura local". Allí ofrecemos libros y objetos de diseño de arquitectos locales a los visitantes.

22.

23.

24.

The store is called Equis, and it's next to our office. It's the home of all the architecture brands in Mexico City. So, for example, you could go and buy books about Luis Barragán or Pedro Ramírez Vázquez.

We're trying to build an ecosystem, where people can come and experience what local culture means to us, why we should be connected with our city, with the people, and with nature, and not just live in a bubble.

El espacio interior de la oficina es muy simple, minimalista. Mantuvimos la estructura de concreto original casi como la encontramos. Agregamos solo algunos detalles, grandes ventanales, lo que crea mucha luz dentro del espacio de la oficina.

La tienda se llama Equis y está al lado de nuestra oficina. Es la casa de todas las marcas de arquitectura en la Ciudad de México. Podrías ir ahí y comprar libros de Luis Barragán o Pedro Ramírez Vázquez.

Estamos tratando de construir un ecosistema donde la gente pueda venir y experimentar qué significa la cultura local para nosotros, por qué deberíamos estar conectados con nuestra ciudad, con las personas y con la naturaleza y no simplemente vivir en una burbuja.

Javier Sánchez

Architect graduated with honors from the National Autonomous University of Mexico (UNAM) Master's in Science and Real Estate Development from Columbia University, New York (1998). In 1996, he founded the JSa Architecture Studio, focusing on urban acupuncture projects and architectural heritage restoration.

He had been awarded with the Golden Lion at the Venice Biennale (2006) for the social housing project Brasil 44; the Best New Global Design award from the Chicago Athenaeum (2007) for the Condesa DF hotel; the Gold Medal at the National Mexican Architecture Biennale (2020) for the MMAC Juan Soriano; and, recently, the Housing Award from the American Institute of Architects (2022) for the Casa Cosecha de Lluvia project (in collaboration with Robert Hutchison Architects).

In 2008, he was elected an Honorary Fellow of the American Institute of Architects (AIA); in 2009, he joined the National System of Art Creators under the National System of Support for Creation and Cultural Projects (previously FONCA); and since 2011, he has been a member of the National Academy of Architecture. In 2014, he was invited to deliver the Federico E. Mariscal Extraordinary Chair at the UNAM Faculty of Architecture in recognition of his outstanding performance and contributions to the architectural field.

Arquitecto egresado de la Universidad Nacional Autónoma de México (UNAM), máster en Ciencias y Desarrollo de Proyectos Inmobiliarios por la Universidad de Columbia, Nueva York (1998).

En 1996 fundó el Taller de Arquitectura JSa, cuyo trabajo se ha centrado en proyectos de acupuntura urbana y recuperación del patrimonio arquitectónico.

Ha sido reconocido con el León de Oro de la Bienal de Venecia (2006) por el proyecto de vivienda social Brasil 44; el reconocimiento Best New Global Design del Chicago Athenaeum (2007) por el hotel Condesa DF; la Medalla de Oro de la Bienal Nacional de Arquitectura Mexicana (2020) por el Museo Morelense de Arte Contemporáneo (MMAC) Juan Soriano; y recientemente, el Housing Award del American Institute of Architects (2022) por el proyecto Casa Cosecha de Lluvia (en colaboración con Robert Hutchison Architects).

En 2008 fue electo miembro honorario del American Institute of Architects (AIA); en 2009 ingresó al Sistema Nacional de Creadores de Arte del Sistema de Apoyos a la Creación y Proyectos Culturales. Desde 2011 es miembro de la Academia Nacional de Arquitectura. En 2014 fue invitado a impartir la Cátedra Extraordinaria Federico E. Mariscal en la Facultad de Arquitectura de la UNAM, en reconocimiento a su destacado y alto nivel de desempeño en la disciplina arquitectónica.

www.jsa.com.mx

Table of images
Índice de imágenes

1. Tomás Casademunt
Construction process of the hotel; the interior excavation and the support structures for the new corridors can be seen.
Proceso de construcción del hotel, puede verse el vaciado interior y las estructuras de soporte para los nuevos corredores.

2. Tomás Casademunt
During the process, ephemeral structures always appear, which are inspiring.
Durante el proceso apareces siempre estructuras efímeras que son inspiradoras.

3. JSa
Intervention diagram of the hotel and the use of the roof as a habitable space, an extension of Parque España in front.
Diagrama de intervención del Hotel y la utilización del techo como espacio habitable, extensión del Parque España que está enfrente.

4. Luis Gordoa
Interior of the central garden; the semi-open privacy screens allow glimpses of the room circulations.
Interior del jardín central; pueden verse los quiebra vistas semi abiertos permitiendo entrever las circulaciones de las habitaciones.

5. Luis Gordoa
The upper terrace provides continuity with Parque España in front. From the outside, the building appears unchanged from the original.
La terraza superior da continuidad con el parque España que se encuentra en frente. Desde el exterior el edificio no parece tener ningún cambio respecto del original.

6. Undine Prhöl
The privacy screens play with natural light at different times of the day.
Los quebravistas juegan con la luz natural en las distintas horas del día.

7. JSa
Interior view of Hotel Carlota's courtyard before the intervention.
Vista interior del patio del Hotel Carlota antes de la intervención.

8. Rafael Gamo
We placed a screen in front of the originals to slightly privatize the circulation while also creating an interplay with natural light.
Nosotros colocamos una pantalla delante de los originales para privatizar un poco la circulación y generar al mismo tiempo un juego con la luz natural.

9. JSa
Intervention diagram showing the new access and defining circulation around the central courtyard.
Diagrama de intervención con el nuevo acceso y la definición de la circulación en torno al patio central.

10. Camila Cossío
Screen and its reflection in the hotel pool.
Pantalla y su reflejo en la piscina del hotel.

11. Rafael Gamo
The block screen allows for a play with light and different views opening towards the central courtyard and the pool.
Situación de la pantalla de bloques que permite jugar con la luz y con las distintas vistas que se abren al patio central y a la piscina.

12. Rafael Gamo
Interior view of the hotel's courtyard from the room circulations.
Vista interior del patio del hotel desde las circulaciones de las habitaciones.

13. Rafael Gamo
The courtyard and bar at the hotel entrance highlight the different levels and the interaction between people.
El patio y el bar en el acceso del hotel permite distinguir los niveles y la interacción entre las personas.

14. Onnis Luque
Original view of the building before the intervention.
Vista original del edificio antes de la intervención.

15. Rafael Gamo
If you look closely, you will notice small differences from the previous image. We were interested in preserving the building with the utmost care.
Si se fijan con cuidado podrán encontrar pequeñas diferencias con la imagen anterior. Nos interesaba rescatar el edificio con el mayor cuidado.

16. JSa
The interior demolitions already revealed the building's potential. This stage always holds a poetic quality and allows us to imagine beyond the project.
Las demoliciones interiores ya nos mostraban el potencial del edificio. Siempre esta etapa tiene algo de poético y permite imaginar mas allá del proyecto.

17–18–19. JSa
Interior work on circulations to maximize the recovery of natural zenithal light and ornamental details from the original building.
Trabajos interiores en las circulaciones para recuperar al maximo posible la luz cenital y los retalles ornamentales del edificio original.

20. Jaime Navarro
The bookshelves in the library are part of the architecture itself. We designed the furniture to generate all the required spaces.
Los anaqueles de la biblioteca son la propia arquitectura. Diseñamos el mobiliario para generar todos los espacios que se requerían.

21. JSa
Work on defining the floors designed by the great master and inspiration, Francisco Toledo.
Trabajos para la definición de los pisos diseñados por el gran maestro y gran inspirador Francisco Toledo.

22. Zaickz Moz
The Ice Factory is our office and ecological environment, where we test part of our thesis on urban rehabilitation.
La Fábrica de hielo es nuestra oficina y nuestro medio ecológico, aquí probamos parte de nuestra tesis respecto de la rehabilitación de la ciudad.

23. Zaickz Moz
The opening we left half-demolished is known as "Sudamérica" and is a tribute to Lina Bo Bardi.
El vano que dejamos a medio demoler es conocido como "sudamérica" y es un elogio a Lina Bo Bardi.

24. Zaickz Moz
The old ice production space was transformed into our quiet workspace, isolated from urban bustle.
El antiguo espacio de producción de hielo se transformó en nuestro espacio de trabajo silencioso y aislado del trasiego urbano.

Belongings, relevance

05

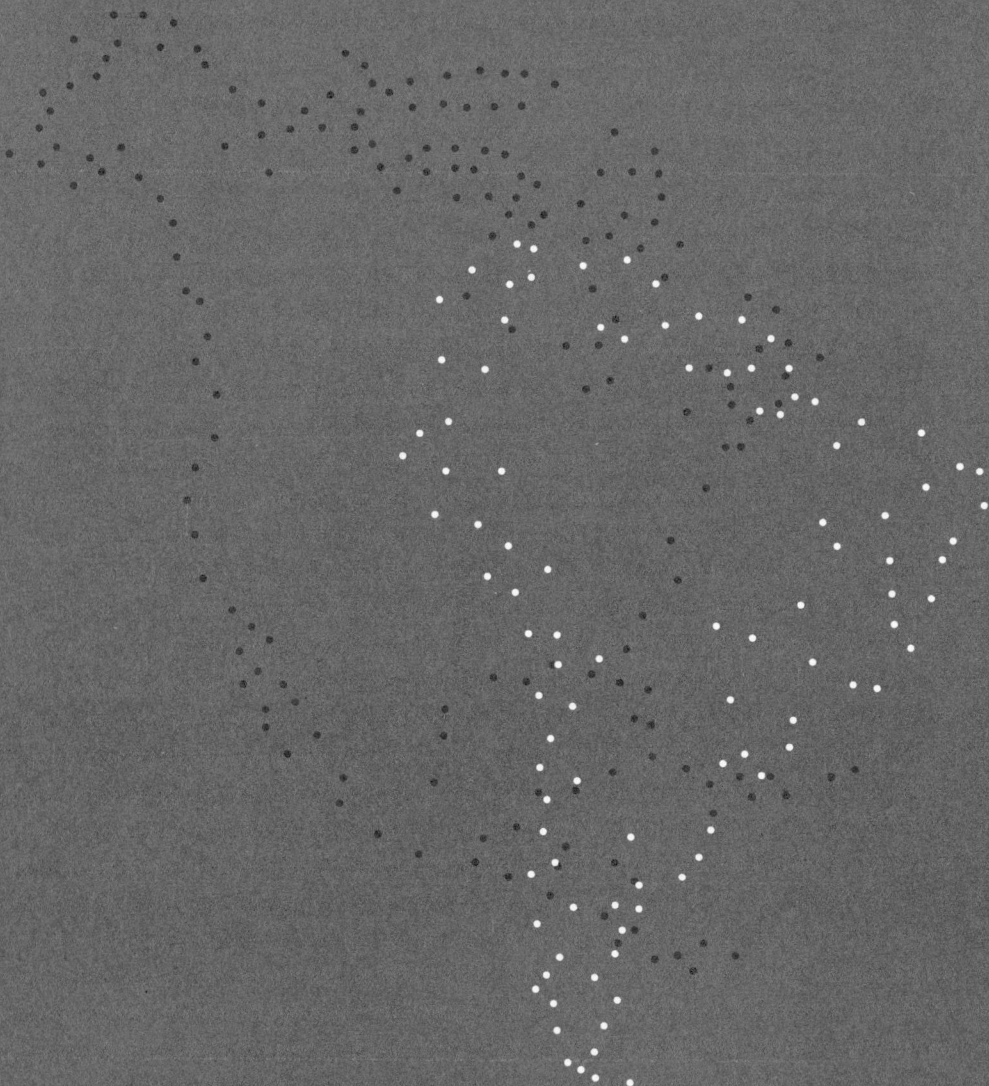

GLORIA CABRAL

Pertenencias, pertinencias

I'm truly happy to be here. To start, let me tell you that I worked at Gabinete de Arquitectura (Paraguay) for seventeen years.

One of my buildings, Teletón, is like my favorite child. We were invited to create it in 2008. When we arrived at the existing building, it was in poor condition. It was an old construction from the 1980s, and we knew we needed to do something to reuse all the materials, even the demolition debris.

We began rehabilitating the building into... a rehabilitation center, and for the first time, we built a catenary vault using demolition material—broken bricks just four centimeters thick. It was a big challenge.

Normally, we follow three processes in the office. For us, it is always essential to design the project, carry out the construction, and be involved throughout the process. A third ingredient in our practice as a team is participating in university teaching and learning.

These three aspects of our discipline are crucial because we cannot develop the project purely through abstraction. During construction, we

---

Estoy realmente feliz de estar aquí. Para empezar, les cuento que trabajé en el Gabinete de Arquitectura (Paraguay) durante diecisiete años.

Uno de mis edificios, el Teletón, es como mi hijo favorito. Nos invitaron a hacerlo en 2008. Cuando llegamos al edificio existente, estaba en mal estado. Era una construcción antigua hecha en los años ochenta, y sabíamos que necesitábamos hacer algo para reutilizar todo el material, incluso los restos de demolición.

Comenzamos esta rehabilitación del edificio para un centro de *rehabilitación* y, por primera vez, hicimos una bóveda de catenaria con material de demolición utilizando los ladrillos rotos, con solo cuatro centímetros de ancho. Un gran desafío.

Normalmente, realizamos tres procesos en la oficina. Para nosotros, siempre es importante dibujar el proyecto y realizar la construcción. Y estar involucrados en todo el proceso. Un tercer ingrediente en nuestra práctica como equipo es participar en la enseñanza y el aprendizaje universitarios.

1.

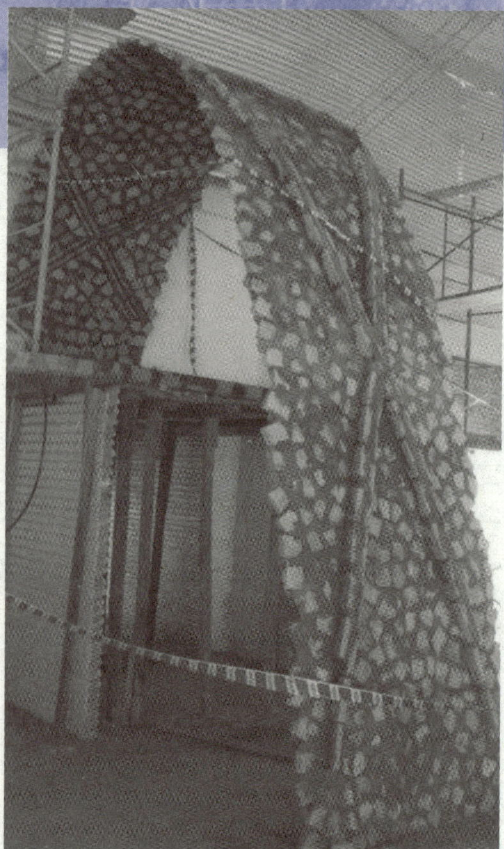

2.

learn a lot because being involved gives us the chance to change things and further develop the techniques.

We usually made formwork out of wood for the various shapes we needed to build, like the catenary vault. In this case, when we removed the formwork, we realized the structure was a bit fragile, and the engineers suggested adding two crosses for reinforcement. Normally, the catenary shape works through compression. In theory, you don't need reinforcement, but with only four centimeters of thickness, even slight deformation would create tensile forces, destroying the structure. We placed an iron cross in the middle to avoid deformation.

Later, we tried a different width—only one cross—and positioned the bricks using the 30-centimeter side. When we removed the formwork, we noticed that the difference in inertia between the cross and the wall was too great, causing some cracks. Then we realized it would be better to use the 15-centimeter side with just one cross and keep the four-centimeter width.

Estas tres partes de nuestra disciplina son importantes porque no podemos hacer el proyecto solo a través de la abstracción. Durante la construcción aprendemos mucho, porque al estar involucrados obtenemos la oportunidad de cambiar las cosas y desarrollar más y más la técnica.

Usualmente, hacemos encofrados con madera para las diferentes formas que necesitábamos construir, como la bóveda de catenaria. En este caso, cuando sacamos el encofrado, entendimos que la estructura era un poco frágil, y los ingenieros dijeron que podríamos usar dos cruces para reforzarla. Porque, a menudo, la forma de catenaria funciona por compresión. En teoría, no necesitas refuerzos, pero esta catenaria tiene solo cuatro centímetros de ancho. Incluso una pequeña deformación generaría una fuerza de tracción, destruyendo la estructura. Así que pusimos una cruz de hierro en el medio para evitar las deformaciones.

Luego intentamos con un ancho diferente, solo una cruz, y los ladrillos usando el lado de treinta centímetros. Cuando sacamos el encofrado, vimos que, entre la cruz y la pared, la diferencia de la inercia era demasiado grande y que

This method worked perfectly. When you use an experimental process, you're always learning.

We knew that if we used inexpensive materials and were careful, we could reduce costs and build a little more. As a result, more children could be served by this project. The waiting list for children needing treatment for a year or longer was long. But if we saved money from the budget, those children could receive treatment within the same year. The design could improve solutions and save money, even on furniture. For example, by using walls as furniture, we saved money and gained additional square meters.

The same approach applied to glass. As you may know, glass is very expensive, and it was particularly so in Paraguay at that time because there were no local producers.

So, we realized we could use "cemetery glass," which is glass with defects that cannot be sold on the market. It is tempered glass, often discarded to be recycled as raw material. We used this irregular glass for

---

producía algunas fisuras. Entonces nos dimos cuenta de que sería mejor usar el lado de quince centímetros, solo una cruz y los cuatro centímetros de ancho. Y la verdad es que funciona perfecto. Cuando usas un proceso experimental, aprendes todo el tiempo.

Sabíamos que, si usábamos materiales baratos y éramos cuidadosos, podríamos reducir costos y construir un poco más. Como consecuencia: más niños podrían ser atendidos en este proyecto. La lista de niños que necesitan esperar un año o más para comenzar sus tratamientos es larga. Pero si ahorrábamos algo de dinero del presupuesto, esos niños podrían recibir el tratamiento el mismo año. El diseño podría mejorar soluciones y ahorrar dinero, incluso en muebles. Si usamos, por ejemplo, las paredes como muebles, ahorraríamos ese dinero y podríamos ganar más metros cuadrados.

Lo mismo ocurrió con los vidrios. Como saben, los vidrios son muy caros, y lo eran especialmente en el Paraguay de esos años, porque no teníamos ninguna empresa que los produjera.

the entire project, enabling us to construct an additional 300 square meters with the savings.

Another program we needed to address was hydrotherapy. These inverted pyramids are hollow inside, collecting rainwater from the roof. To make this feasible, we used bricks and reinforcement bars with five centimeters of concrete in the first third of the pyramid. Beyond that level, reinforcement wasn't needed as the structure relies entirely on compression. From there onward, it was just bricks without reinforcement.

The diagonal walls—all six—are relatively easy to construct because the shape itself is inherently stable. The key lies not in the material but in the formwork we used. Once the formwork was set and the concrete poured, we waited for it to cure. After removing the formwork, the walls remained stable due to their inherent shape. Using this method, we built all the walls in just fifteen days. In Paraguay, temperatures often reach 50 degrees Celsius. It's extremely hot, so shade is always necessary. That's

---

Entonces nos dimos cuenta de que podíamos usar los llamados vidrios del "cementerio", es decir, cuando el vidrio tiene algún defecto y no puedes venderlo en el mercado. Está templado, y este material se desecha para ser materia prima de un nuevo vidrio y recomenzar. Usamos este tipo de vidrio irregular para todo el proyecto, lo que nos permitió construir otros trescientos metros cuadrados con la misma diferencia de precio, solo con lo que ahorramos en vidrio.

Otro programa que debemos cubrir es la hidroterapia. Estas pirámides invertidas están vacías por dentro, porque recolectan agua de lluvia del techo. Para hacerlo posible usamos, en el primer tercio de la pirámide, ladrillos y barras de refuerzo entre cinco centímetros de concreto. Pero después de ese nivel ya no lo necesitas, porque todo el esfuerzo es de compresión. A partir de ahí son solo ladrillos sin refuerzos.

Las seis paredes diagonales son relativamente fáciles de construir, puesto que la forma en sí misma es inherentemente estable. La clave no radica tanto en el material como en el encofrado que utilizamos. Una vez que se establece

why we built the catenary vault: to provide shade at the building's entrance permanently. It's a very affordable and sustainable way to cool the building. After removing the formwork in some areas, we needed to reinforce them with bars.

As I mentioned, we learn throughout the process, constantly adapting—even with this building—but always gaining new insights for future projects. Why do I enjoy talking about this? If we understand structure and how materials work, we can create forms. For example, if you say, "I want to create a 12-meter cantilever," you'll obviously need something strong to support it. But in this large cantilever, we built on the foundations of Teletón using geometry and knowledge from experimenting with materials. All the slabs work together, forming a balanced structure.

I also want to talk about when we worked with an engineer. Normally, the engineer provides a basic structure to place the steel inside. But the engineer calculates where the greatest force is exerted. Here, we did the

---

el encofrado y se vierte el concreto, esperamos a que se cure. Luego, cuando retiramos el encofrado, la pared permanece estable debido a su forma inherente. Hicimos todas las paredes en solo quince días gracias a este método. Después de quitar el encofrado en algunas partes, necesitábamos reforzarlo con barras.

En Paraguay, normalmente tenemos 50 grados Celsius. Hace mucho calor, y hay que estar siempre en la sombra. Por eso hicimos esta bóveda de catenaria: para tener sombras en la entrada del edificio, siempre. Es una forma muy barata y sostenible de enfriar el edificio.

Como dije, nosotros aprendemos durante el proceso, todo el tiempo, y a veces cambiamos cosas, también en este edificio, pero siempre es un aprendizaje nuevo para los próximos proyectos. ¿Por qué me gusta hablar de esto? Si entendemos la estructura, si entendemos cómo funcionan los materiales, podemos hacer la forma, porque normalmente si dices "quiero hacer un voladizo de doce metros", por supuesto que necesitarás algo realmente resistente para soportarlo. Pero en ese gran voladizo construimos sobre los soportes del Teletón gracias a la geometría y

3.

4.

5.

opposite: we used the basics, the minimum, in all the internal areas, and when we needed more compression, we poured more concrete because the building's forces changed. On the other hand, when we had more tension, we placed steel outside the structure. The structure teaches us about the building's forces all the time.

A "quincho" is a place for barbecues in Paraguay. When we built the quincho in Gabinete, I remember a professor told me: "You study cities throughout university, but when you graduate, people ask you for a quincho, a place for barbecues." And, of course, after 15 years of working at Gabinete, a client finally asked us for a quincho. We approached this exercise, regardless of the program, to think about and build a public space. It doesn't matter if the commission is a house. We know houses will be in the middle of a city, and we need to think about how this structure or that shape contributes to public discourse.

---

al conocimiento que adquirimos experimentando con materiales. Todas las losas funcionan juntas y forman una estructura de equilibrio.

También quiero hablar de cuando trabajamos con un ingeniero. Lo normal es que el ingeniero tenga una estructura básica para colocar el acero adentro. Pero el ingeniero calcula el lugar donde ejerce la mayor fuerza. Aquí hicimos lo contrario: usamos lo básico, lo mínimo en todos los lugares internos, y cuando necesitábamos más compresión vertíamos más concreto, porque la fuerza del edificio cambiaba. En cambio, cuando teníamos más tracción colocábamos acero fuera de la estructura. La estructura nos enseña sobre la fuerza del edificio todo el tiempo.

Un "quincho" es un lugar para preparar asados en Paraguay. Cuando hicimos el quincho en el Gabinete, recordé que un profesor me dijo: "Estudias sobre la ciudad durante toda la universidad, pero cuando terminas la carrera la gente te pide un quincho, un lugar para hacer asados". Y, claro, después de quince años trabajando en el Gabinete, finalmente un cliente nos pidió un quincho. Hicimos

For the quincho project, we started with a design from a competition we lost. The theme of the competition was quite somber, as it involved creating a memorial for the victims of a tragic fire. The incident occurred in a supermarket in Asunción on a Sunday. Due to locked doors, many people lost their lives in the fire—a truly heartbreaking event. When we were invited, they said the current concrete building was fine and we could reuse it, but we decided to remove everything.

We didn't approach this project by working only with architects. We worked with a sociologist, an anthropologist, and a psychologist because we understood that we needed to heal wounds. We needed to do what Alejandro Jodorowsky calls psychomagic. We needed to create art not just to provoke emotions but also to help society. We imagined this demolition with the people and the community, but as an act of love. We imagined removing everything—all the materials, the entire building, and even the

---

este ejercicio, fuese cual fuese el programa, para pensar y construir un espacio público. No importa si el encargo es una casa. Sabemos que las casas van a estar en medio de una ciudad, y necesitamos pensar en cómo esta estructura o cómo aquella forma contribuye a la discusión pública.

Para el proyecto del quincho, partimos de un diseño para un concurso que perdimos. El tema de dicho concurso era bastante sombrío, ya que consistía en crear un memorial para las víctimas de un incendio trágico. El incidente ocurrió en un supermercado de Asunción, un domingo. Debido a las puertas cerradas, muchas personas perdieron la vida en el incendio. Un evento realmente desgarrador. Cuando nos invitaron, dijeron que el edificio estaba bien y que podríamos reutilizarlo, pero decidimos sacar todo.

No hicimos este proyecto trabajando sólo con arquitectos. Lo hicimos con un sociólogo, un antropólogo y un psicólogo, porque entendimos que necesitábamos sanar heridas. Necesitábamos hacer lo que Alejandro Jodorowsky llama psicomagia. Y necesitábamos hacer arte no solo para provocar emociones, sino

6.

7.

8.

foundations—and making a new building with the demolition material, putting it all inside.

When we removed all the foundations, we were able to create a canal to put water inside and reimagine the construction using the same logic as the quincho. Everything was made with demolition material, reusing it for urban agriculture under the site—a shade that protects us. We imagined this space and the community working there, the community tending to the plants and giving back to the city through these flowers and trees—everything.

Another project I want to talk about is the Paraguayan Pavilion at the 2016 Venice Biennale. After five months of hard work, they said no: "You can't do this because there are many rules related to preserving existing buildings." We made 15 projects, and the engineers in Italy kept saying no, no, no, all the time. Finally, we asked why. Why can't we do this or

---

también para ayudar a la sociedad. Imaginamos esta demolición con la gente y la comunidad, pero como un acto de amor. Imaginamos sacar todo, todos los materiales, sacar todo el edificio, e incluso sacar los cimientos y hacer otro edificio con el material de demolición, poniendo dentro todo ese material.

Cuando eliminamos todos los cimientos, pudimos hacer un canal para poner agua dentro y reimaginar la construcción con la misma lógica que el quincho. Todo sería realizado con material de demolición y reutilizando el material para esta agricultura urbana debajo del lugar, una sombra que nos protege. Imaginamos este espacio e imaginamos a la comunidad trabajando allí, con las plantas y entregando a la ciudad estas flores y estos árboles, todo esto.

Otro proyecto del que quiero hablarles es el Pabellón Paraguayo en la Bienal de Venecia de 2016. Después de cinco meses de arduo trabajo, dijeron que no: "no puedes hacer esto porque hay muchas reglas relacionadas con los cuidados que debes tener con los edificios existentes". Hicimos quince proyectos, y los ingenieros en Italia dijeron que no todo el tiempo. Finalmente, preguntamos por

that? The answer was they didn't know how many kilograms the floor of the existing building could support because, in the Giardini of Venice, the building is heritage-listed. So we asked again: Do you have a maximum weight allowance? They said yes, "You can place x kilograms." I don't remember the exact number, but it was 1,872 bricks. With that number, we began the project. When the engineer agreed, I traveled to Venice 15 days before the Biennale opening to build. I only had eight days to finish construction, five days for the structure to set, and two days before the opening to remove the formwork.

When I arrived, the builders said we had to change the plans because the bricks were different, and so was the concrete. We redid our calculations, and 10 days before the opening, we began building the formwork. I knew I needed to complete one arch per day to meet the five-day deadline. One day for the formwork and one day for the first two arches.

---

qué. ¿Por qué no podemos hacer esto o aquello? La respuesta fue que ellos no sabían cuántos kilos podía soportar el piso del edificio existente, porque en los Giardini de Venecia el edificio es patrimonial. Y preguntamos de nuevo: ¿Pero tienen algún peso máximo para poner allí? Y dijeron que sí. "Puedes poner n kilos"; no recuerdo exactamente el número, pero sí que eran 1872 ladrillos. Con este número, comenzamos el proyecto. Y cuando el ingeniero aceptó, viajé a Venecia quince días antes de la apertura de la bienal para construir. Solo disponía de ocho días para terminar la construcción, cinco días para que la estructura resistiera y dos días antes de la apertura para sacar el encofrado.

Cuando llegué, los constructores dijeron que debíamos cambiar los planos, porque los ladrillos eran diferentes y el concreto también. Reiniciamos nuestros cálculos y, diez días antes de la apertura, comenzamos a hacer el encofrado. Yo sabía que necesitaba terminar un crucero a diario para cumplir con los cinco días disponibles. Un día para el encofrado y un día para los dos primeros cruceros. Esperamos cinco días para que la estructura tuviera la capacidad de soportar.

9.

10.

11.

We waited five days for the structure to set. Contrary to what the curators requested, we kept the formwork until the last possible moment. On the opening day, we removed the formwork, and the jury entered the space minutes later.

It's important to understand that with the same number of bricks, we could build a small nine-square-meter room surrounded by walls 2.4 meters high. But with imagination, we can do something different and open other opportunities. With the same material, we achieved a structure over seven meters high, like our pavilion. When the jury arrived, we won the Golden Lion.

Another work I greatly appreciate is an art gallery in downtown Asunción called Galería Texo. When we arrived, there were nine different spaces, with different rooms in this existing building. We decided to remove all the walls and create a single space. To do this, we first

---

Contrariamente a lo que pidieron los curadores, dejamos el encofrado hasta el último momento posible. El día de la apertura, sacamos el encofrado, y el jurado entró en este espacio minutos después.

Es importante entender que, con la misma cantidad de ladrillos, lo que podríamos construir es una pequeña habitación de nueve metros cuadrados rodeada de paredes de dos metros y cuarenta centímetros de altura. Pero si ponemos algo de imaginación podemos hacer otra cosa y abrir otras oportunidades. Con el mismo material, logramos crear una estructura de más de siete metros de altura, como nuestro pabellón.

Otra obra que aprecio mucho es una galería de arte en el centro de Asunción, llamada Galería Texo. Cuando llegamos, teníamos nueve lugares diferentes, y diferentes habitaciones en un edificio existente. Decidimos sacar todas las paredes y hacer un lugar único. Para eso necesitábamos soportar el techo, antes de quitar las paredes. Hicimos una gran viga de metal como la estructura principal, generando una cruz para reforzar la estructura del techo y llevar

needed to support the roof before removing the walls. We built a large metal beam as the main structure, creating a cross to reinforce the roof structure and direct vertical forces to the ground using the perimeter. To avoid reinforcing the foundations, we redistributed the loads with a design resembling a spider web. When we removed all the interior carpeting, we discovered multiple layers of flooring underneath. Our option was to preserve the original floor, cleaning it instead of replacing it. Similarly, when dismantling walls and exposing broken bricks, we were essentially demolishing walls that revealed the space's past uses. The space now tells the story of "there was once a garden here" or "there was once a bathroom here," highlighting different areas of the building. This history is evident on the floor and ceiling, where the different construction periods can be seen.

---

la fuerza vertical al piso, utilizando el perímetro. A fin de evitar refuerzos estructurales en los cimientos, redistribuimos las cargas a partir del diseño de una estructura que se parecía a una araña. Cuando habíamos quitado toda la alfombra del interior, descubrimos las diversas capas de pisos debajo de ella. Entonces nuestra opción fue preservar el piso original, limpiándolo en lugar de reemplazarlo. De manera similar, cuando desmantelamos las paredes y expusimos los ladrillos rotos estábamos básicamente demoliendo paredes que hablaban de los usos pasados del espacio. El espacio ahora cuenta la historia de "aquí había un jardín adentro" o "aquí había un baño", destacando las diferentes áreas en esta parte del edificio. Tal historia es evidente en el piso y el techo, donde se pueden ver los distintos períodos de construcción.

Hicimos todo lo que pudimos, incluso las puertas. Por lo común, las puertas tienen una estructura como un marco adentro, pero aquí hicimos lo contrario: usamos la madera adentro y la estructura afuera para aprovechar los materiales que ya teníamos en el lugar. Con esto podemos reforzar cuando necesitamos

12.

13.

We did everything we could, even with the doors. Usually, doors have a frame structure inside, but here we did the opposite: we used wood inside and the structure outside to make the most of the materials we already had on site. This way, we could reinforce areas needing more support while using less material. The same approach applied to a "sophisticated lock," using the same wood as the structure. Again, we used demolition materials to construct the building. Two years after the gallery's inauguration, we held an architecture exhibition.

We usually build walls with broken bricks, but we didn't initially realize that engineers don't consider broken bricks as part of the structure. They only see bricks as a way to lighten walls. We used 40% concrete and 60% bricks, but for the structure, bricks don't work. Upon learning this, we decided to construct a wall using unbaked, washed bricks to create a perforated, very light wall, once again protecting people from the sun's 50-degree heat. It's a small house in Paraguay, in a place

---

más estructura para hacerla más grande con menos material. Lo mismo para una "cerradura sofisticada", usando la misma madera de la estructura. De nuevo usamos materiales de demolición para construir el edificio. Dos años después de la inauguración de la galería, hicimos una exposición de arquitectura.

Lo habitual es que hagamos las paredes con los ladrillos rotos. Pero no nos dimos cuenta desde el principio de que los ingenieros no piensan en los ladrillos rotos como parte de la estructura. Piensan en los ladrillos solo para aligerar la pared. Usamos un 40% de concreto y un 60% de ladrillos. Pero para la estructura el ladrillo no funciona. Cuando supimos esto, decidimos construir una pared usando ladrillos no cocidos y lavados para hacer una pared perforada y muy liviana y de ese modo, nuevamente, proteger a las personas del sol, de esos cincuenta grados. Es una casita en Paraguay, en un lugar llamado Altos. Para nosotros, todos los edificios son parte de un proceso que moldea al siguiente. Siempre estamos aprendiendo.

called Altos. For us, every building is part of a process that shapes the next. We're always learning.

It's true that we use less material and energy to build. When I started at Gabinete, the budget was roughly 50% for materials and 50% for workers. Later, material costs rose, with construction at 65–70% and workers at 30–35%. We pushed even further to reverse that: 60% for workers and 40% for materials. This is important to us because it means using less energy to produce materials while giving more to workers and society.

And yet, we need to do more and more. Within this mindset, I designed my workshop for a university in Hong Kong. I began thinking that we need an industry to produce materials. We need to grow our materials. I challenged my students to grow their materials, using, for example, algae or mycelium to build bricks and structures. Algae for canopies, textiles for shade. In the first part of the semester, the study was to be in-person, but

---

Es cierto que usamos menos material y menos energía para construir. Cuando comencé en el Gabinete, el presupuesto era de alrededor del 50% para materiales y el 50% para el trabajador. Después, el costo del material aumentó y la construcción fue del 65 o 70%, y el trabajador tenía el 30 o 35%. Empujamos aún más para lograr lo contrario: 60% para el trabajador y 40% para el material. Es importante para nosotros, porque de esa manera necesitamos menos energía para producir y tenemos más para dar a los trabajadores y a la sociedad.

Y sin embargo necesitamos hacer más y más. Dentro de este tipo de pensamiento, diseñé mi taller para la universidad en Hong Kong. Comencé a pensar que necesitamos tener una industria para producir el material. Necesitamos *cultivar* nuestro material. Desafié a mis estudiantes a cultivar el material y usar, por ejemplo, algas o micelio para construir ladrillos y estructuras. Algas para marquesinas, textil para sombras. En la primera parte del estudio que guié, el curso iba a ser presencial, pero vino la pandemia y todo se convirtió al mundo digital. Entonces los estudiantes tuvieron que hacer todo

14.

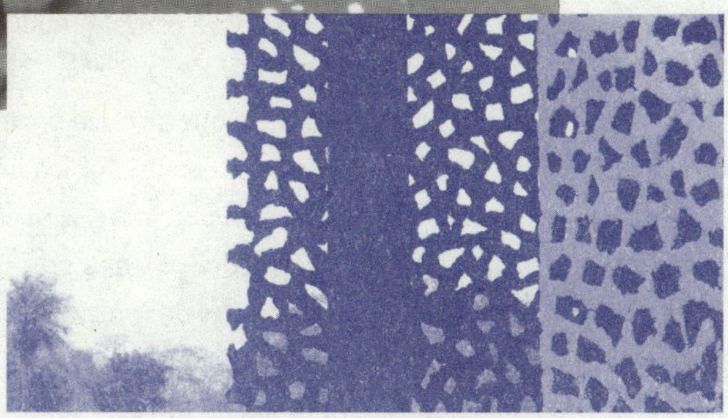

15.

then the pandemic came, and everything moved online. Students had to do everything at home. They grew mycelium bricks in their refrigerators. Another group used loofah with biological concrete. Another created a platform made of corn to travel along rivers and clean them within cities, with plants to filter the water. Another group worked with textiles using copper nanotechnology to clean the soil. Yet another created translucent wood. All of this was done at home.

This was essentially the opposite of the usual approach in a studio project. Normally, we start with a location and a program, then choose materials. Here, we started by selecting materials. From there, we designed a new material and asked: What can we create with this? And where? In which part of the world would this material be most useful? Only after that did we select the program. A truly enriching experience for all of us.

---

en casa. Cocinaron los ladrillos con micelio y los colocaron en el refrigerador. Otro grupo usó la esponja vegetal con concreto biológico. Otro grupo creó una plataforma hecha de maíz para viajar por el río y limpiarlo en medio de las ciudades, con algunas plantas para filtrar esta agua. Otro grupo había trabajado con algún textil hecho con nanotecnología de cobre, también para limpiar la tierra. Y otro grupo había hecho madera translúcida. Ya digo que todo esto se hizo en casa.

Fue, en síntesis, lo contrario de lo que se hace normalmente en un proyecto de taller. Por lo general, comenzamos con una ubicación y un programa y luego elegimos los materiales. En este caso partimos por seleccionar el material. A partir de ahí diseñamos un material nuevo y nos preguntamos: ¿Qué podemos crear con esto? ¿Y dónde? ¿En qué parte del mundo se utilizaría mejor este material? Solo después de eso seleccionamos el programa. Una experiencia realmente enriquecedora para todos nosotros.

I just want to end by sharing a curious event that happened due to COVID. It was March 8, 2020. March in Asunción, the women's march. I traveled to Haldenstein on March 9 for a meeting, just as everything exploded with COVID. Everything shut down, and I was stuck in Switzerland. I couldn't return home to Paraguay because there were no humanitarian flights for returning citizens. I called a friend in Bristol to ask if I could stay at her place while waiting for Paraguay's borders to reopen. I spent a month and a half in Bristol, and I like to share this because I was lucky enough to see different cities in lockdown: Haldenstein, Bristol, London, São Paulo, Florianópolis, Guarda, Curitiba, and Asunción. In each place, the situation was different.

For example, in Bristol, you'd receive a government letter saying: "Please go to the park for one hour a day," or something similar, to walk and stay safe.

Quiero terminar contando sobre esa cosa curiosa que sucedió debido al COVID. Es 8 de marzo de 2020. Es marzo en Asunción. Es la marcha de las mujeres. Al día siguiente viajé a Haldenstein para tener una reunión, justo cuando todo explotó con el COVID. Y todo cerró, así que me quedé en Suiza. No pude volver a casa en Paraguay, porque Paraguay no tenía vuelos humanitarios para las personas que regresaban. Llamé a una amiga en Bristol, para preguntar si podía ir a su casa y pasar algún tiempo esperando que abrieran las fronteras en Paraguay. Estuve un mes y medio en Bristol, y me gusta contarlo porque me tocó la suerte de ver las diferentes ciudades cerradas: Haldenstein, Bristol, Londres, San Pablo, Florianópolis, Guarda, Curitiba y Asunción. En cada lugar, una situación diferente. Por ejemplo, en Bristol recibías una carta del Gobierno que decía: "Por favor, sal una hora al día al parque", o algo así, para caminar y mantenerte a salvo.

Estaba en Oxford Street en Londres en ese momento, porque nací en Brasil y con mi certificado de nacimiento pude tomar un vuelo para regresar a Brasil. Quince días en cuarentena en el Copan, en el centro de São Paulo. Cierto jugador

16.

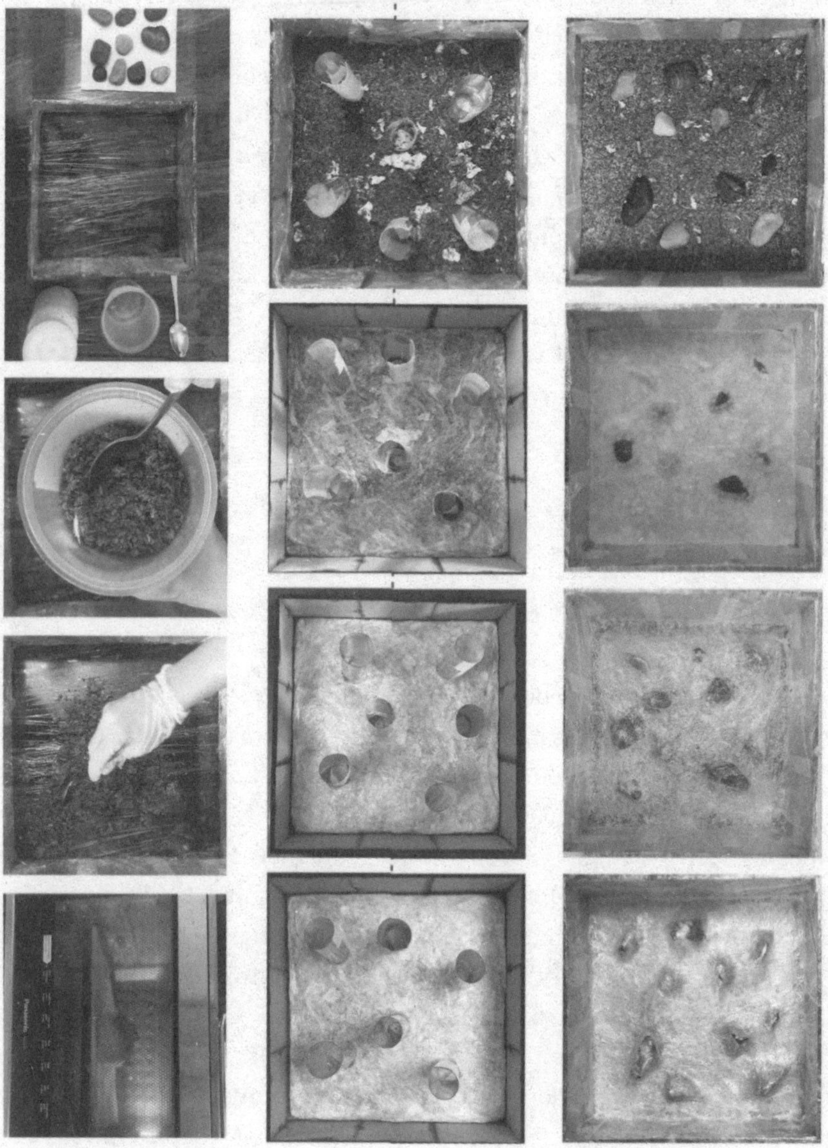

I was on Oxford Street in London at that time because, being born in Brazil, I could use my birth certificate to catch a flight back to Brazil. Fifteen days in quarantine at the Copan in downtown São Paulo. A certain football player managed to return to Paraguay, but architects couldn't. It was a very challenging time. I saw the center of this huge city in São Paulo. The place is called Cracolandia, near the Patriarca structure. It was a powerful experience because, usually, you'd see 30 people going to work and one homeless person. But those days, it was the reverse: 30 homeless people and one person going to the pharmacy. Perhaps it could have been called Home Street because the city became home. The bedroom was there, the toilet was there. They appropriated the entire city. It was very emotional. I rented a car, drove seven hours south to my sister's place, and finally, Paraguay's border opened. I crossed the Brazil-Paraguay border on foot and spent 15 days in quarantine at a hotel. A four-day journey took me four months. After this, I made many decisions and changes in my life. I

---

de fútbol pudo regresar a Paraguay, pero los arquitectos no pudieron. Fue un momento muy difícil. Vi el centro de esta gran ciudad en São Paulo. El lugar se llama Cracolandia, cerca de la estructura del Patriarca. Fue una experiencia fuerte, porque usualmente tienes treinta personas yendo a trabajar y una sin hogar, pero en esos días era al revés: treinta sin hogar y una persona yendo a la farmacia. Tal vez era posible llamarlo Home Street, porque la ciudad *era* el hogar. Y porque la habitación, el dormitorio estaba allí. El inodoro estaba allí. Se apropiaron de toda la ciudad. Mucha emoción adentro. Alquilé un auto. Conduje durante siete horas hacia el sur, donde estaba mi hermana, y por fin la frontera en Paraguay estaba abierta. Crucé la frontera entre Brasil y Paraguay caminando y estuve quince días en cuarentena en un hotel. Viajé durante cuatro días, pero llegué en cuatro meses. Después de esto decidí muchas cosas e hice muchos cambios en mi vida. Cerré mi asociación con el Gabinete y me mudé a Brasil. Y ahora, después de dos años de vivir aquí en Brasil, he comenzado a trabajar nuevamente.

ended my partnership with Gabinete and moved to Brazil. Now, after two years of living here in Brazil, I've started working again.

We know that the more energy is consumed, the more energy is needed, so we need to reverse this. We need to do something that doesn't use too much energy but also helps recover shade, passive climate, and give trees a chance to grow again. With this thought process, we can begin to think about what needs to be done.

Sabemos que cuanta más energía se consume, más energía se necesita, así que necesitamos revertirlo. Necesitamos hacer algo que no use demasiada energía, pero también necesitamos hacer algo para recuperar la sombra, para recuperar el clima pasivo y dar a los árboles la oportunidad de crecer de nuevo. Con este proceso de pensamiento podemos comenzar a pensar en qué se necesita hacer.

Gloria Cabral

Born in São Paulo in 1982, she holds a degree in Architecture from the National University of Asunción, Paraguay. She is recognized for her interest in local contexts and her exploration of materials. She was a partner at Gabinete de Arquitectura from 2004 to 2020, where she developed numerous works renowned for their expressive power, innovative material development, and sensitivity. One of the emblematic projects developed together with Solano Benítez was the Teletón Children's Rehabilitation Center, which has received numerous awards and has been published in prestigious architecture magazines worldwide. Together with Gabinete de Arquitectura, they received the Golden Lion at the 2016 Venice Architecture Biennale. As part of the 2014 Rolex Arts Initiative, she was selected to work with Peter Zumthor. She has given lectures and courses at various universities.

Nacida en São Paulo en 1982, es Arquitecta por la Universidad Nacional de Asunción, Paraguay. Es reconocida por su interés en contextos locales y su exploración de la materialidad. Fue socia de Gabinete de Arquitectura entre 2004 y 2020, donde desarrolló numerosas obras reconocidas por su poder expresivo, su desarrollo material innovador y su sensibilidad. Uno de los proyectos emblemáticos desarrollados junto a Solano Benítez fue el Centro de Rehabilitación Infantil Teletón que ha obtenido numerosos reconocimientos y ha sido publicado en prestigiosas revistas de arquitectura a nivel mundial. Junto con Gabinete de Arquitectura recibieron el León de Oro en la Bienal de Arquitectura de Venecia de 2016. En el marco del programa Rolex Arts Initiative 2014, fue seleccionada para trabajar con Peter Zumthor. Ha realizado charlas y cursos en diversas universidades.

@gloriacabral_arq

Table of images
Índice de imágenes

1. Gabinete
Construction of a catenary vault using recycled ceramic pieces and reinforcing diagonals.
Construcción de una bóveda de catenaria a partir de piezas cerámicas recicladas y diagonales de refuerzo.

2. Gabinete
The first on-site tests are always the most complex.
Las primeras pruebas in situ son siempre las más complejas.

3. Gabinete
With the vault completed, the floating walls and cubicles can be seen, all made with recycled ceramic bricks to reduce costs.
Ya terminada la bobeda se pueden ver los muros flotantes y los cubículos todos realizados con ladrillo cerámico reciclado para abaratar los costos.

4. Gabinete
Modular construction of panels using recycled brick fragments and steel frames.
Construcción modular de placas a partir de trozos reciclados de ladrillo y marcos de acero.

5. Leonardo Finotti
Interior image of the Teletón building with its inverted roof pyramids.
Imagen interior del edificio Teletón con las pirámides invertidas de la cubierta.

6. Leonardo Finotti
Reticulated vaulted structure forming the garden and building façade.
Estructura abovedada reticular que conforma el jardín y fachada del edifico.

7. Leonardo Finotti
The diagonals are made of ceramic bricks with interior iron reinforcements, creating large triangular openings that filter the intense natural light of this latitude.
Las diagonales están realizadas a partir de ladrillos cerámicos y refuerzos interiores de hierro generando amplios venos triangulares que permiten matizar la iluminación natural que en esta latitud es muy potente.

8. Federico Cairoli
We used triangular structures in several projects to manage solar incidence.
Ocupamos las estructuras triangulares en varios proyectos para manejar la incidencia solar.

9. Laurian Ghinitoiu
Everything we have experimented with over the years has allowed us to develop a much lighter structure, following the principles that structure and resistant form are architecture itself.
Todo lo experimentado en estos años nos permitió solucionar una estructura mucho más ligera siguiendo los principios de que estructura y forma resistente son la arquitectura propiamente.

10. Gloria Cabral
View of the wooden formwork used to create the vault at the Venice Biennale.
Vista de los encofrados de madera para la generación de la bóveda en la Bienal de Venecia.

11. Federico Cairoli
Interior view of the gallery on opening day. The exhibition panel is made of recycled brick panels.
Vista interior de la galería el día de la inauguración. Se ve el panel de exhibición realizado a partir de paneles de ladrillo reciclado.

12. Federico Cairoli
Interior of the gallery and its complex roof structure, allowing for larger spaces.
Interior de la galería y la compleja estructura de cubierta que permite que los espacios sean más amplios.

13. Federico Cairoli
The spaces tell the story of the building's recovery. We even crafted the doors by recycling existing wood.
Los espacios cuenta la historia de la recuperación del edificio. Incluso realizamos las puertas reciclando la madera existente.

14–15. Juan Rodríguez
Since the bricks primarily function as wall infill while the structure is provided by concrete, we tested removing some bricks to create this lightweight screen.
Dado que los ladrillos funcionan principalmente como relleno del muro y la estructura la da el hormigón, probamos de retirar los ladrillos para generar esta pantalla ligera.

16. Gloria Cabral
Experimenting with materials includes processes that involve living organisms such as mycelium.
Experimentar con materiales incluye aquellos procesos que pueden involucrar organismos vivos como el micelio.

The shape of the places and the nature of the action

06

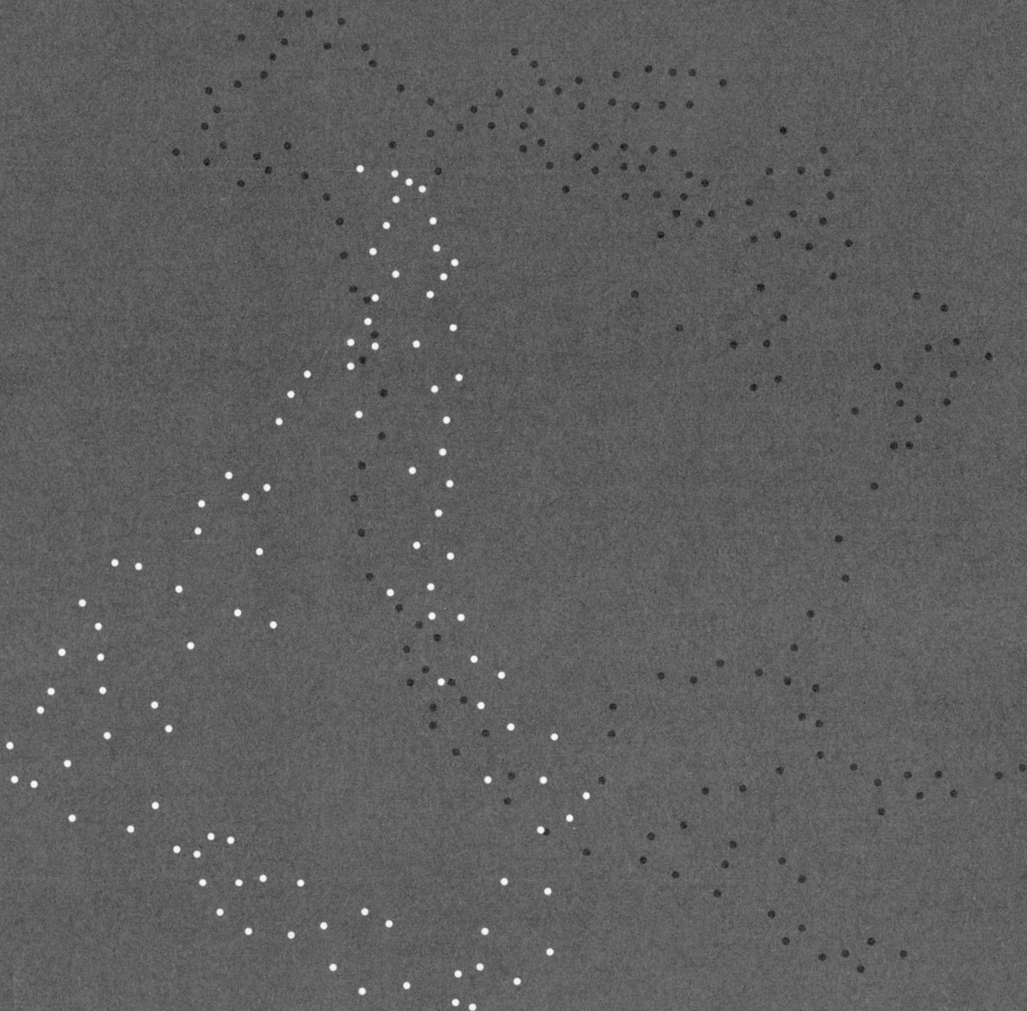

 MARCOS CORONEL

La forma de los lugares y la naturalezade la acción

We are PICO Collective (Proyecto de Interés Comunal), an urban laboratory that emerged in a context of social effervescence where popular communities demand a voice in the political decisions affecting the city. We are paving the way to promote spaces of rebellious transformation in popular settlements in Venezuela and Latin America.

In 2015, we took on a challenging project, which we like to see not only as an architectural endeavor but as a cultural struggle on the streets.

In recent years, thousands of young people have become very angry with the government and the current situation in the country. They demanded opportunities, but they did so violently, using the streets to express their frustration. That same year, during this period of upheaval, we met a cultural collective made up primarily of artists, musicians, and cultural producers, who introduced us to intellectuals like Otto Gross. This collective had an anarchist perspective and also opposed hierarchical structures of the State. They, too, were deeply dissatisfied, but interestingly, they did not

---

Somos PICO Colectivo (Proyecto de Interés Comunal), un laboratorio urbano que surge en un contexto de efervescencia social donde las comunidades populares reclaman un lugar en las decisiones políticas sobre la ciudad y abren su camino para promover espacios de transformación rebelde en asentamientos de Venezuela y, en general, América Latina.

En 2015 asumimos un proyecto desafiante, que nos gusta entender no solo como un proyecto arquitectónico sino como una lucha cultural en las calles.

Durante los últimos años, miles de jóvenes se han sentido muy enojados con el Gobierno y la situación actual del país. Pedían oportunidades, pero lo hacían de manera violenta, usando las calles para expresar su frustración. En aquel momento efervescente, conocimos a un colectivo compuesto principalmente por artistas, músicos y productores culturales, y este grupo nos habló de intelectuales como Otto Gross. El colectivo tenía un pensamiento anarquista y se oponía a las estructuras jerárquicas del Estado. Estaban muy insatisfechos también, pero curiosamente no querían luchar en las calles, sino

1.

2.

want to fight in the streets; instead, they wanted to express their discontent by building their own space. So, they showed us a building they wanted to transform and inhabit, a building that had been vandalized during the violent protests.

It's a protest through public space and a way in which architecture can play a role in empowerment by creating shared experiences with others, even when conflict is involved. At that point, I began to see the power behind this idea, especially considering that Latin American cities, like many others, often feature numerous abandoned buildings and lots while hundreds of families remain unhoused, or young people have no cultural spaces. We used shipping containers in this project because, ironically, we managed to connect the project to a state-supported cultural fund. These programs allocated part of the institution's budget, allowing us to purchase technical equipment. We had to buy musical instruments from

---

mostrar su descontento a través de la construcción de su propio espacio. Así que me presentaron un edificio que querían transformar y habitar, un edificio que fue vandalizado durante las protestas violentas.

Se trata de una denuncia a través del espacio público, y de cómo la arquitectura puede jugar un papel en el acto de empoderamiento a través de experiencias compartidas con otros, donde hay un conflicto involucrado. En ese momento comencé a darme cuenta del poder detrás de la idea, especialmente si consideramos que las ciudades latinoamericanas, como muchas otras, suelen caracterizarse por numerosos edificios y terrenos abandonados, al mismo tiempo que cientos de familias no tienen vivienda o que los jóvenes no tienen un espacio cultural. Utilizamos contenedores de envío en este proyecto debido a que, paradójicamente, logramos conectar el proyecto con un fondo de apoyo cultural estatal. Estos programas asignaron una parte del presupuesto de la institución, lo que nos permitió comprar equipos técnicos. Tuvimos que comprar instrumentos musicales de China y

China and ship them to Venezuela. Our solution was to use the same containers to create the main spaces and structure.

This perhaps reflects the idea I initially shared: understanding architecture not simply as boxes, but as the energy that these boxes contain. Although the project is literally made of boxes, it only makes sense because of the intensity of the interactions of the people driving it.

Throughout the project, our construction approach focused on organizing a series of very inexpensive pieces, giving a second life to discontinued containers that could be articulated with the original structure of the existing building. It's simple metalwork using elements fabricated in the workshop, scaled to fit the container's dimensions and assembled to form the entire building.

The cultural space came to life as they wondered how to create a new ethical and aesthetic concept that would identify them, transforming their anger into a creative opportunity, with a certain underground sensitivity, but within a

---

enviarlos a Venezuela. Nuestra solución fue usar los mismos contenedores para crear los espacios principales y la estructura.

Esto refleja quizás la idea que inicialmente compartí: entender la arquitectura no simplemente como cajas, sino a través de la energía que esas cajas contienen. Y aunque el proyecto esté literalmente hecho de cajas, solo tiene sentido debido a la intensidad de las interacciones de las personas que lo impulsan.

A lo largo del proyecto, nuestro enfoque de construcción se centró en organizar una serie de piezas muy baratas, dando una segunda vida a contenedores descontinuados que podrían articularse con la estructura del edificio que ya existía. Es un trabajo simple de herrería con elementos fabricados en el taller, modulados a partir de la escala del contenedor y ensamblados para formar todo el edificio.

El espacio cultural cobró vida al mismo tiempo que se preguntaban cómo producir un nuevo concepto ético y también estético que los identificara, transformando su rabia en oportunidad creativa, con cierta sensibilidad

3.

4.

5.

natural and experimental setting. What excites us most is that the building is not public, but it functions like a public space. Something in between. It's not an institutional building, nor is it developed by the municipality, but a self-managed building by the collective. This is an authentic cultural space promoting a vast program of activities designed by them.

The second idea I want to share is this: participation is not an idyllic process. Participation is not a place where everyone automatically agrees with each other. And it's not a group photo where everyone looks very happy. During a housing project years ago, we met Pillo Peraza, who shared an idea that stayed with me long after our meeting: architecture is not just about design; it's about participating in discussions and making difficult decisions. It's about defending ideas that truly make sense.

In 2013, the community where we live in Barquisimeto had the opportunity to self-build a series of houses in a small neighborhood. It was a place for neighbors like Pillo, who dedicate their entire lives to fighting for

---

underground, pero dentro de un entorno natural y experimental. Lo más emocionante para nosotros es que el edificio no es público, pero funciona como un espacio público. Algo intermedio. No es un edificio institucional, no es un edificio desarrollado por el municipio, sino un edificio autogestionado por el colectivo. Es un espacio cultural auténtico que promueve un vasto programa de actividades diseñadas por ellos mismos.

La segunda idea que quiero compartir es esta: la participación no es un proceso idílico. No es un lugar donde todos estén automáticamente de acuerdo. Y tampoco es una foto grupal donde todos parecen muy felices. Durante un proyecto de vivienda conocimos a Pillo Peraza, quien compartió una idea que quedó en mi mente mucho después de nuestra reunión: la arquitectura no se trata solo de diseño; se trata de participar en discusiones y tomar decisiones difíciles. Se trata de defender ideas que realmente tengan sentido.

En 2013, la comunidad donde vivimos en Barquisimeto tuvo la oportunidad de autoconstruir una serie de casas. Era un lugar para vecinos

the community. People like him, like Pillo, who only had a small, initial plot, where the standard social housing model does not work. In that project, we had to work with basic materials and technology. We had to build the house using the same resources as those found in the state's social housing model. You can imagine what I mean: metal tube structures, block walls, pine roof.

We asked ourselves why it was important to us to develop this project, understanding all the limitations we were involved with. We decided to do it simply because it was the only opportunity we had to show ourselves and to somehow show the state another perspective on social housing in the communities. It was our chance to present an alternative option to the precepts of the established and socially accepted housing model by necessity. We had to reject the architects' desire to develop mass projects. Instead, this is simple, direct architecture. On the land, we had a 72-square-meter lot enclosed by tall walls, with a tree crossing over the wall. It's a very complex geometry in a very interesting neighborhood. The standard

---

como Pillo, que dedican toda su vida a luchar por el barrio. Personas como él, como Pillo, que solo tenían un terreno pequeño e inicial, donde el modelo estándar de vivienda social no funciona. En ese proyecto tuvimos que trabajar con materiales y tecnologías básicos. Tuvimos que construir la casa utilizando exactamente los mismos recursos que puedes encontrar en el modelo de vivienda social del Estado. Se pueden imaginar de qué estoy hablando. Estructuras de tubos de metal o paredes de bloque, techo de pino.

Nos preguntamos por qué era importante para nosotros desarrollar este proyecto, entendiendo todas las limitaciones con las que estábamos involucrados. Decidimos hacerlo simplemente porque era la única oportunidad que teníamos de mostrarnos a nosotros mismos y de mostrar de alguna manera al Estado otro punto de vista sobre la vivienda social en las comunidades. Era nuestra posibilidad de enfrentar una alternativa a los preceptos de la casa establecida y aceptada socialmente por necesidad. Tuvimos que rechazar el deseo de los arquitectos de desarrollar proyectos masivos. En cambio, esto es

6.

7.

house didn't fit, and we were forced to design a specific adaptation that mass production policies do not consider.

A neighbor of Pillo planted a tree 80 years ago, and Pillo didn't want to cut it down; that tree is part of the value and heritage of this place. So what Pillo did was to open the wall to let the tree extend its branches over his land. What we decided to do is very simple: since in this case, we can't bring earth and light from outside the building, we created a small patio at the base of the tree. So the concept behind the house is to have a small patio under the tree, surrounded by all the other spaces, creating a unique area on the lot where one can enjoy fresh air and natural light.

Two years later, we returned to take photos of the house. What had happened? We found the house completely filled with new details and crafts. Pillo had installed a wrought-iron door he inherited from his parents, added a new skylight at the main entrance, painted all the walls and

---

arquitectura simple y directa. En el terreno teníamos un lote de setenta y dos metros cuadrados dentro de muros altos y un árbol cruzando sobre el muro. Es una geometría muy compleja en un vecindario muy interesante. La casa estándar no encaja y nos vimos obligados a diseñar una adaptación específica que la política de producción en masa no tiene en cuenta.

Un vecino de Pillo plantó un árbol hace ochenta años y Pillo no quería cortarlo. Ese árbol es parte del valor y el patrimonio de este lugar. Lo que hizo Pillo fue abrir el muro para permitir que el árbol extendiera un brazo sobre su terreno. Lo que decidimos hacer, finalmente, es muy simple. Dado que en este caso no podemos llevar la tierra y la luz desde el exterior del edificio, creamos un pequeño patio en la base del árbol. El concepto detrás de la casa es tener un pequeño patio bajo el árbol, rodeado de todos los demás espacios, creando un área única dentro del terreno donde uno puede disfrutar del aire fresco y la luz natural.

Dos años después volvimos para tomar fotografías de la casa y ¿qué había pasado? Encontramos la casa completamente llena de nuevos detalles y

structure to his liking, and filled the house with personal mementos. It was a different house, a better one. All of this was done by the owner, by Pillo, not by architects. Now the house was much more authentic and personal. We expected to find the house exactly as we built it, but we got a "client's revenge," as Robert Venturi calls it. Pillo gave us another wake-up call: architecture is not an empty shell. People live inside. So we realized that radical architecture is not one that "invents" something different, but one that pays attention and accepts what is real and right under our noses.

Since 2016, we have been involved in a project in downtown Caracas. This is the typical building one might find in a large city like Caracas in the mid-20th century. During the dictatorship of Marcos Pérez Jiménez, the government decided to radically transform Caracas's urban landscape. The city, once characterized by small two-story brick houses, was to be modernized with highways and high-rise buildings, following the common trends of urban development at the time, driven by the oil industry. Imagine

---

artesanías. Pillo instaló una puerta forjada que heredó de sus padres, también puso una nueva claraboya en la entrada principal, pintó todas las paredes y la estructura a su gusto, llenó la casa con recuerdos personales. Era otra casa, era mejor. Todo esto fue hecho por el propietario, hecho por Pillo, no por arquitectos. La casa se volvió mucho más auténtica y personal. Esperábamos encontrar la casa exactamente como la construimos, pero nos pasó lo de "la venganza del cliente" de Robert Venturi. Pillo nos dio otra bofetada: la arquitectura no es una cáscara vacía; hay personas que viven dentro. Nos dimos cuenta de que una arquitectura radical no es una que "inventa" algo diferente, sino una que presta atención y acepta lo que es real y lo que está justo bajo nuestras narices.

Desde 2016, hemos estado involucrados en un proyecto en el centro de Caracas. Es el edificio típico que se puede encontrar en una gran ciudad a mediados del siglo XX. Durante la dictadura de Marcos Pérez Jiménez, el Gobierno decidió transformar radicalmente el paisaje urbano de Caracas. La ciudad, que antes se caracterizaba por pequeñas casas de ladrillo de dos pisos,

8.

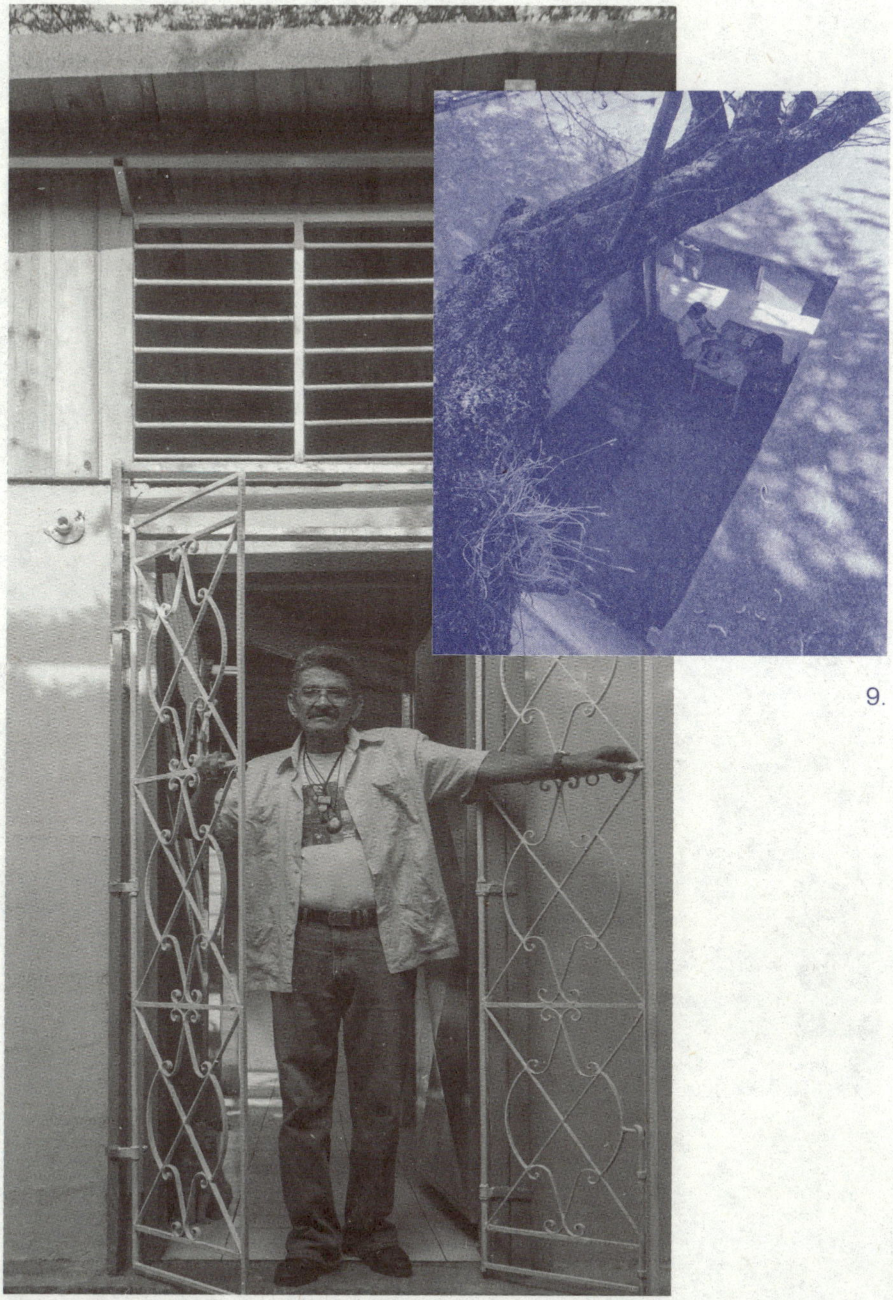

9.

10.

11.

Caracas: a small Manhattan of modern skyscrapers, designed by North American firms.

In the 90s, for some reason, an originally institutional building changed and was transformed into a casino. Probably, to give it a more "sophisticated" image, the owner decided to cover the facade with a glass curtain wall.

So, when we first arrived at the project, our immediate approach was to figure out how to address everything head-on, with the goal of reclaiming the site we were in. We tried to understand the essence of the tropics and the Caribbean. Because the curtain wall, as you know, is a non-place from anywhere. Our first action was to make a balcony. This allowed us to bring in air and light from outside. So we began to connect with the outside and make the building transparent. The funny thing is, we just realized this will take a long time because we're using our own resources.

---

debía modernizarse con autopistas y edificios altos, siguiendo las tendencias comunes de desarrollo urbano de la época, predominantes en países como Venezuela gracias a la industria petrolera. Imaginemos Caracas: una pequeña Manhattan de modernos rascacielos, diseñada por firmas norteamericanas.

En los años noventa, por alguna razón, un edificio originalmente institucional cambió y se transformó en un casino. Quizás con la idea de darle una imagen más "sofisticada", el propietario decidió cubrir la fachada con una cortina de vidrio.

Cuando llegamos por primera vez al proyecto, nuestro enfoque inmediato fue descubrir cómo abordar todo de frente, con el objetivo de reclamar el sitio en el que estábamos. Intentamos comprender la esencia de los trópicos y el Caribe. Porque la pared de cortina, como sabrán, es un "no lugar" de cualquier lugar. La primera acción fue hacer un balcón. Lo usamos para tomar el aire y la luz del exterior. Así que comenzamos a conectar con el exterior y a hacer el edificio transparente. Lo gracioso fue que acabamos por

We joke that the project will be finished by 2050. We decided to start interventions in the building without disrupting the cultural energy of the artistic projects that already exist. This means that construction overlaps with cultural life, moving forward together at the same time.

Some images of the project show where we connected small structures to the original concrete development. It's like an idea of natural growth, not based on the modernist concept of tabula rasa but rather on the courage of architects committed to the city, who link civic experiences and work gradually along with the social power of communities.

I always like to talk about projects using these metaphorical ideas or critical reflections behind each construction: building the dysfunctional and toward a different functionality. Espacios de Paz [Spaces of Peace] is a series of interventions in very conflict-ridden neighborhoods. This is a deep favela on the slope of Caracas. The city is a narrow valley close to the Caribbean Sea. In the middle, we have mountains—the end of the Andes

---

darnos cuenta de que esto llevaría muchísimo tiempo, porque estábamos usando nuestros propios recursos.

Bromeamos diciendo que el proyecto estaría listo para 2050. Decidimos comenzar las intervenciones en el edificio sin detener la energía cultural de los proyectos artísticos que ya existen, lo cual significa que la construcción se superpone a la vida cultural, avanzando juntas, al mismo tiempo.

Algunas imágenes del proyecto donde conectamos pequeñas estructuras en el desarrollo de concreto original... Es como una idea de crecimiento natural, que no se basa en el concepto modernista de *tabula rasa* sino en el coraje de arquitectos comprometidos con la ciudad para unir las experiencias ciudadanas y trabajar gradualmente junto con el poder social de las comunidades.

Siempre me gusta hablar sobre proyectos usando estas ideas metafóricas o reflexiones críticas detrás de cada construcción: construir lo disfuncional y hacia una funcionalidad diferente. Espacios de Paz es una serie de intervenciones en barrios muy conflictivos. Lo que muestran las imágenes

12.

13.

14.

15.

mountain range—which separate the city from the sea. That's why it's very common to have poor settlements and urbanization on the hillsides.

What happened when we arrived in the neighborhood was that we encountered very strong personalities and people with a lot of initiative and leadership; it's a space of survival. One of them is Jesús Fuentes, or "Chucho," as he's better known. He's the typical character with strong leadership in the neighborhood. Chucho was born in this neighborhood. He knows every detail of the place. One thing we quickly learned while working on Espacios de Paz is that architects always show up, trying to tell you what you should do and why it's good to do it a certain way.

What we understood is that we shouldn't really use the academic method, wasting too much time on technocracy, but rather try to generate a deep relationship and understand the social fabric and the spatial conditions.

---

es una profunda favela en la pendiente de Caracas. La ciudad es un valle estrecho, cerca del mar Caribe. En el medio tenemos montañas, el final de la cordillera de los Andes, que separa la ciudad del mar. Por eso es común tener asentamientos pobres y urbanización en las laderas.

Lo que nos pasó cuando llegamos al barrio fue que nos encontramos con personalidades poderosas y personas con iniciativa y liderazgo; es un espacio de supervivencia. Uno de ellos es Jesús Fuentes o, como es más conocido, "Chucho". Él es el típico personaje que tiene un liderazgo muy fuerte en el barrio. Chucho nació en este barrio. Conoce cada detalle del lugar. Una cosa que aprendimos rápidamente mientras trabajábamos en Espacios de Paz es que los arquitectos siempre aparecen por ahí tratando de decirte qué debes hacer y por qué es bueno hacerlo de cierta manera.

Entendimos que realmente no deberíamos usar el método académico, que nos haría perder mucho tiempo en la tecnocracia, sino tratar de generar una relación profunda y entender el tejido social y la condición del espacio.

The starting point of any project is a very risky moment when you can create great expectations around it but miss the opportunity to do something meaningful. The important thing in this type of project is people like Jesús Fuentes. He showed us what we needed to do here. People like him become a kind of guide in the dark. Thanks to Chucho and the discussions within the community, we identified the sites and main program for each intervention. Due to the densely built environment, the neighbors lack public spaces or areas to play and interact socially. You may think this is ridiculous, but it's a real issue in a neighborhood.

Every residual space is important to them, and Chucho guided us to visit some of the most interesting ones. A small empty lot is located near the mountain, at the end of the community, where the youngest residents protect it from being built over, hoping to develop a sports court there someday. With this type of project, as I mentioned before,

---

El punto de partida de cualquier tipo de proyecto es un momento muy peligroso en el que puedes crear una gran expectativa, pero perder la oportunidad de hacer algo. Lo importante en este tipo de proyectos son las personas como Jesús Fuentes. Él nos mostró lo que teníamos que hacer ahí. Personas como él se convierten en una especie de guía en la oscuridad. Gracias a Chucho y la discusión dentro de la comunidad, definimos los lugares y el programa principal para cada intervención. Debido al entorno densamente construido, los vecinos carecen de espacios públicos o áreas para jugar e interactuar socialmente. Puede que ustedes piensen que esto es ridículo, pero es el problema real en un barrio.

Cada espacio residual es importante para ellos, y Chucho nos guio para visitar algunos de los más interesantes. Un pequeño vacío está ubicado cerca de la montaña, al final de la comunidad. Los más jóvenes del barrio lo protegen para que no se construya encima, con la esperanza de desarrollar un patio deportivo algún día. Con este tipo de proyecto, como dije antes, la arquitectura

architecture must act practically because architecture is not the core of everything. Architecture is not like the alpha and omega. Architecture is just the catalyst of a problem, perhaps. Building the dysfunctional. Not the functional, because functional works are part of the core of our formal cities, the city we already know. But a different way of thinking about how things work in architecture when it comes to most of Latin America's cities: the *barrio*.

---

debe actuar de forma práctica, porque la arquitectura no es el núcleo de todo. La arquitectura no es como alfa y omega. La arquitectura es solo el catalizador de un problema, tal vez. Construir lo disfuncional. No lo funcional, porque las obras funcionales son parte del núcleo de nuestras ciudades formales, esas ciudades que ya conocemos. Pero aquí habría una forma diferente de pensar en cómo funcionan las cosas en arquitectura cuando se trata de la mayoría de las ciudades latinoamericanas: el barrio.

Marcos Coronel

Architect from the Central University of Venezuela in Barquisimeto. In 2011, he developed a typological variation of state-sponsored single-family housing, which led to the creation of the collective PICO (Proyecto de Interés Comunal), focusing on transformation interventions in informal settlements. He received the Social Habitat and Development Award from the United Nations (UN-Habitat) in 2016 and the Young Architects in Latin America Award at the 16th Venice Biennale in 2018.

He is the author of Refurbished Superbloque, a research study on transformations carried out by residents in the buildings of the 23 de Enero Housing Complex in Caracas, as well as articles such as "Toward a city remediation" and "Reclaiming the epic of self-produced informal settlements: approaches from San Agustín del Sur." He is also the author of the book *Social Infrastructures: Emerging Contexts in Venezuela.*

He has collaborated with institutions such as the Ecole Nationale d'Architecture Paris Val de Seine, Manchester School of Architecture, School of Architecture at the University of Talca, Tecnológico de Monterrey, and the Faculty of Architecture and Urban Planning at the National University of Rosario, among others. Currently, he serves as a professor and researcher in Taller X at the Faculty of Architecture and Urbanism, Central University of Venezuela. He is also the co-founder of the experimental school Dislocal.

Arquitecto por la Universidad Central de Venezuela en Barquisimeto. Allí desarrolló, en 2011, una variación tipológica de la vivienda unifamiliar estatal que dio pie al colectivo PICO (Proyecto de Interés Comunal), que trabaja en intervenciones de transformación en barrios. Recibió el premio Hábitat Social y Desarrollo de las Naciones Unidas ONU-Hábitat en 2016, y en 2018 el premio Young Architects in Latin America de la 16th Bienal de Venecia.

Es autor de Refurbished Superbloque, investigación sobre transformaciones realizadas por los habitantes en los edificios de la Urbanización 23 de Enero en Caracas, y artículos como "Hacia una remediación de la ciudad" y "Reivindicando la épica de los barrios auto-producidos: Aproximaciones desde San Agustín del Sur", Es autor del libro *Infraestructuras Sociales: contextos emergentes en Venezuela.*

Ha colaborado con la Escuela Nacional de Arquitectura de París Val de Seine, La Escuela de Arquitectura de Manchester, la Escuela de Arquitectura de la Universidad de Talca, el Tecnológico de Monterrey, la Facultad de Arquitectura y Planeamiento de la Universidad Nacional de Rosario, entre otras.

Actualmente es docente e investigador en el Taller X de la Facultad de Arquitectura y Urbanismo de la Universidad Central de Venezuela. Es cofundador de la escuela experimental Dislocal.

www.marcoscoronel.com/about/

Table of images
Índice de imágenes

1. PicoStudio
Aerial view of Caracas, showing the city's social and spatial contrasts due to inequality.
Vista aérea de la ciudad de Caracas y sus contrastes sociales y espaciales producto de la desigualdad.

2. José Bastidas
Young people lack spaces to gather and organize cultural activities. The collective secured an abandoned space to turn it into a community hub.
Los joven no tienen espacios donde juntarse y organizar actividades culturales. El colectivo consiguió un espacio abandonado para convertirlo en espacio comunitario.

3-4-5. José Bastidas
Three views of the intervention using stacked recycled shipping containers.
Tres vistas de la intervención realizada con contenedores marítimos reciclados.

6. Marcos Coronel
Site where we built Pillo's house using masonry and steel structures.
Sitio donde construimos la casa de Pillo a partir de albañilería y estructuras de acero.

7. Juan Castillo
The structure creates a courtyard for light and rain, serving as the home's central space.
La estructura genera un patio de luz y de lluvia que funciona como centro de la vivienda.

8. José Bastidas
Pillo standing at his door some time after the house was completed. He gradually added new elements and finishes.
Pillo en la puerta de su casa luego de un tiempo de terminada. El fue incorporando nuevos elementos y terminaciones.

9. José Bastidas
Aerial view of the patio interior, the heart of the house, shaded by the existing tree.
Vista cenital del interior del patio, que es el centro de la casa, sombreada por el árbol existente.

10–11. José Bastidas
Pillo inside his home with small modifications he has made over time. Various materials can be seen.
Pillo en el interior de su casa y las pequeñas intervenciones que ha ido realizando en el tiempo. Se puede ver las distintas materialidades con las que se realizó la obra.

12. Angel Mendoza
Parasite intervention on the building façade as a public expression functioning as a balcony.
Intervención paracito en la fachada del edifico como una expresión pública que funciona como balcón.

13. Angel Mendoza
Interior of the community space after being cleared for cultural and artistic use.
Interior comunitario del edificio ya despejado para el uso cultural y artístico de las agrupaciones.

14. José Bastidas
Small sports and recreation field in the favela, part of the "Peace Spaces" project.
Pequeño campo de deporte y recreación en la favela, parte del proyecto "Espacios de paz".

15. José Bastidas
Improvised sports area created by favela residents, led by key community figures.
Espacio deportivo improvisado por los vecinos de la favela liderados por algunas personalidades fuertes, lideres importantes de la comunidad.

Architectures of the collective

07

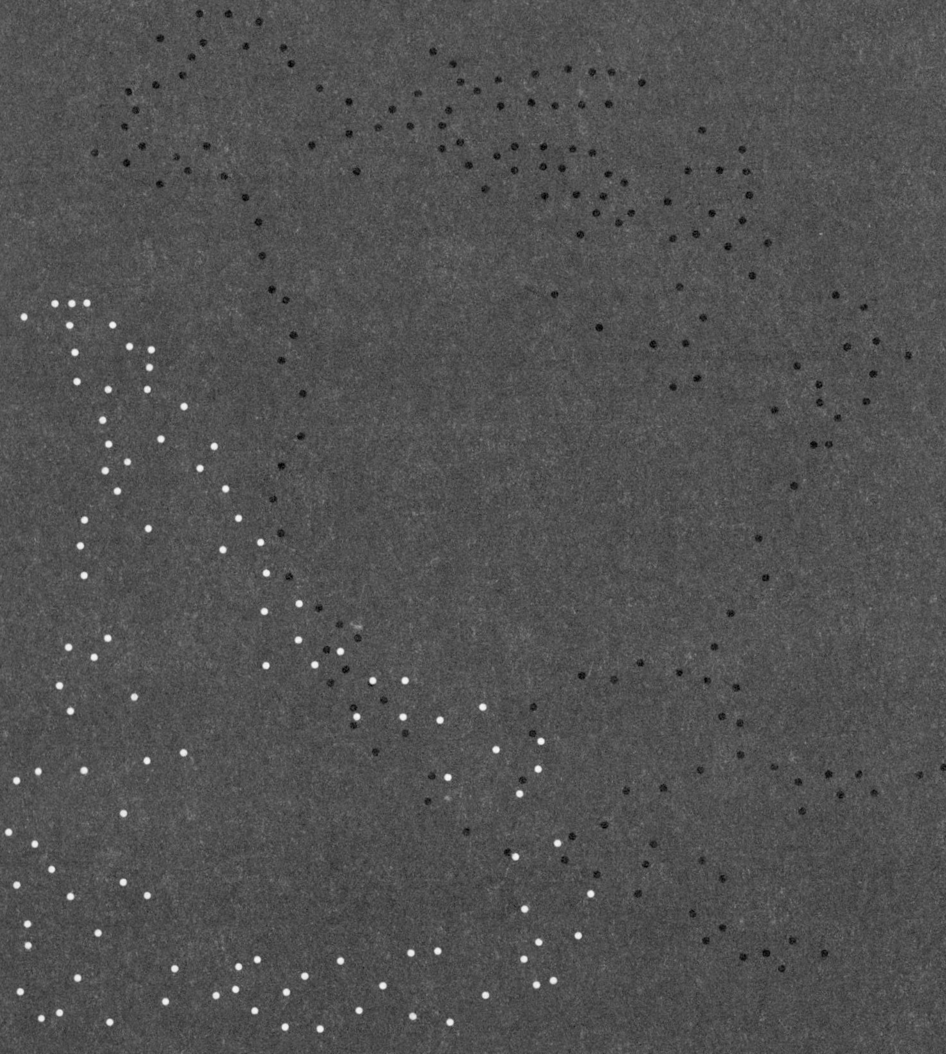

AL BORDE / DAVID BARRAGÁN

Arquitecturas del colectivo

I believe it is very important to explain how designers work in Latin America because working in this environment is entirely different compared to Europe, Africa, or North America. As Latin Americans, we have a very special DNA of collectivity because we need to work together. We cannot solve our problems alone. We need others to produce and improve the project. We need all this energy to form a great collective because budgets, time, conditions, and needs are all very different in our territories. We lack almost everything in our environment, except for communities.

The first collective we need to understand is our own. Our firm is led by four architects: Esteban Benavides, María Luisa Borja, Pascual Gangotena, and myself. In this sense, we are the first unit that works together, and we need to understand our needs and dreams. Day by day, over the last fifteen years, we have been learning how we can work together and how our strengths and weaknesses can create not only an architectural studio but also an architectural practice.

Creo que es muy importante explicar cómo trabajamos los diseñadores en América Latina, porque es completamente diferente trabajar en ese entorno si lo comparas con Europa, África o América del Norte. Como latinoamericanos, tenemos un ADN muy especial de colectividad, porque necesitamos trabajar juntos. No podemos resolver solos nuestros problemas. Necesitamos al otro para producir el proyecto, para mejorarlo. Necesitamos toda esta energía para estar en un gran colectivo, porque los presupuestos, el tiempo, las condiciones, las necesidades, todo es muy diferente en nuestros territorios. Tenemos una falta de todo en nuestro entorno, excepto de comunidades.

La primera colectividad que necesitamos entender es la nuestra. Nuestra firma la lideran cuatro arquitectos: Esteban Benavides, María Luisa Borja, Pascual Gangotena y yo mismo. Somos, en este sentido, la primera célula que trabaja junta, y necesitamos entender nuestras necesidades y nuestros sueños. Día a día, durante estos últimos quince años, fuimos entendiendo cómo

We strive to find the best in each of us to support one another, and among us, we never compete. When discussing others and the collective, the first question we have in mind is, "Who are we?" Because it is us who decide who we are. We design the approach for the project. This is very important, so I selected a couple of projects to explain it.

In the Las Tres Esperanzas project, the first thing to consider is organization. The commune is a political structure without private land, established in Ecuadorian territory. It is common land for a group of people. In this territory, where everything is collective and where the government has no presence, any public facility becomes the center of a small town and, in this case, the Nueva Esperanza School.

The project began in 2007 in a coastal village where a teacher sought different ways to create a school. He was interested in various methodologies, aiming to understand what children in this specific territory needed to learn. He created a school based on self-learning through

---

podemos trabajar juntos y cómo nuestras fortalezas y debilidades pueden crear un estudio arquitectónico y, además, una práctica arquitectónica.

Estamos tratando de encontrar lo mejor de nosotros para apoyarnos mutuamente, y entre nosotros nunca competimos. Cuando estamos hablando de los demás, cuando estamos hablando del colectivo, la primera pregunta que tenemos en mente es quiénes somos. Porque somos nosotros quienes decidimos quiénes somos. Nosotros diseñamos el enfoque para el proyecto. Esto es muy importante, así que seleccioné un par de proyectos para explicarlo.

En el proyecto Las Tres Esperanzas lo primero que debemos tener en cuenta es la organización. La comuna es una estructura política sin tierra privada, establecida en el territorio ecuatoriano, Es tierra común para un grupo de personas. En este territorio donde todo es colectivo y donde el Gobierno no tiene presencia, cualquier instalación pública se convierte en el centro de un pequeño pueblo y, en este caso, de la Escuela Nueva Esperanza.

motivation, combining Montessori, Pestalozzi, and Waldorf methodologies. After two years of truly effective work with the children, the teacher decided to create a new space, of no more than two by two meters.

He needed more space because all the children wanted to come and learn with their teacher using all the new materials available. At that point, the teacher connected with traditional architectural uses on Ecuador's coast, such as raising buildings on stilts and using local materials like wood, bamboo, and straw.

The Nueva Esperanza School was completed in 2009, and we thought the project ended there. During the process, we learned a lot, partly because we had no connection to the outside world—no internet, libraries, or even a book to teach us how to design participatorily in socially vulnerable environments. The architecture we learned in architecture school was very Eurocentric. Or, let's say, our main references were Europe, North America, or Japan.

El proyecto se inició en 2007, en un pueblo de la costa donde un maestro intentaba plantearse diferentes formas de crear una escuela. Estaba interesado en varias metodologías, de manera que quiso entender lo que necesitan aprender los niños en este territorio específico. Y creó una escuela basada en el autoaprendizaje a través de la motivación, para lo cual se valió de una combinación de metodologías Montessori, Pestalozzi y Waldorf. Entonces, después de dos años de un proceso realmente bueno con los niños, el profesor decidió crear un nuevo espacio: no más de dos por dos metros.

Necesitaba más espacio porque todos los niños querían ir y aprender con su maestro usando todo el nuevo material que tenían a mano. El profesor se conectó en ese momento con algunos usos de la arquitectura tradicional en la costa de Ecuador, como levantar sobre pilotes y construir con madera, bambú y paja local.

La Escuela Nueva Esperanza se terminó de construir en 2009 y pensamos que el proyecto concluía allí. Durante el proceso aprendimos mucho, en parte porque no teníamos conexión con el mundo, ni internet, ni bibliotecas, ni

1.

2.

3.

It was a great discovery when we realized that, using the same materials and construction technologies the community had at hand, we could create a new architecture—a new architecture for them. Because you can translate the local language into the language of architecture.

The building is elevated on stilts, with walls made of bamboo, wood, and straw. It is entirely the same as what they usually build. The difference lies in how we understand local knowledge and transform it into contemporary architecture.

Because we lacked access to electricity, we designed the entire project with basic tools in mind. All tools, even drills, were manual. And so we learned that there are always materials on-site and that we need to be with the materials and the people, as it is the only way to make the project visible. It is impossible to design there the same way we design for the city, where we have access to technologies, materials, and logistics. For building the school,

---

siquiera un libro que nos enseñara a diseñar de manera participativa o en entornos sociales vulnerables. La arquitectura que aprendimos en la Escuela de Arquitectura era muy eurocéntrica. O digamos que nuestras referencias principales eran Europa, América del Norte o Japón.

Fue un gran descubrimiento cuando entendimos que, con los mismos materiales y las mismas tecnologías de construcción que la comunidad tiene a mano, podíamos crear una nueva arquitectura. Una nueva arquitectura *para ellos*. Porque puedes traducir el lenguaje local al lenguaje de la arquitectura.

El edificio está elevado sobre pilotes, mientras que las paredes están hechas de bambú, madera y paja. Es completamente lo mismo. Es lo que habitualmente hacen ellos para construir. La diferencia es cómo entendemos el conocimiento local y lo transformamos en arquitectura contemporánea.

Dado que carecíamos de acceso a electricidad, diseñamos todo el proyecto pensando en herramientas básicas. Todas las herramientas, incluso los taladros, eran manuales. Y así aprendimos que siempre existen materiales

we had access only to vernacular technology, and of course, it is possible to create architecture with it.

A few years after the first intervention—or, to be precise, ten years later—we returned to the site to sketch the details we had developed with the local community. We did this because our project taught us that working closely with people who possess extensive knowledge of construction generates excellent ideas, leading to the final design being developed on-site. For us, it is very relevant to showcase this material because we now live in a very digital world where not everyone truly understands the purpose of models. Our models are primarily structural.

We use models to understand the structural performance, testing joints, forces, material strength, and such. Models are not used to understand space but to comprehend structure because our projects are very geometric, and we always aim for structural efficiency. We reduce structural costs. You can always see a lot of geometry in our projects since we do not want to create

---

en el sitio y que necesitamos estar con los materiales y estar con las personas, porque es la única manera en que podemos lograr la visibilidad del proyecto. Es imposible diseñar allí del mismo modo en que diseñamos para la ciudad, donde sí tenemos acceso a tecnologías, materiales y logística. Para construir la escuela, en cambio, teníamos acceso a una tecnología vernácula, y por supuesto que es posible hacer arquitectura con ella.

Unos años después de la primera intervención o, para ser más precisos, diez años después, volvimos al sitio para bosquejar los detalles que habíamos desarrollado con la comunidad local. Hicimos esto porque nuestro proyecto nos enseñó que trabajar estrechamente con personas poseedoras de un conocimiento extenso de la construcción permite generar excelentes ideas, lo que lleva a que el diseño final se desarrolle *in situ*. Para nosotros es muy relevante mostrar todo este material porque ahora vivimos en un mundo muy digital donde no todos entienden realmente para qué sirven las maquetas. Y nuestras maquetas son principalmente estructurales.

overly complex structures. We always strive to understand how we can work with clean geometry.

Inside the school, we generated an open floor plan that allows movement and makes it easy for anyone to change the furniture layout and transform the space.

A couple of years after the first project, the teacher called us for an improvement, and then we realized why an update was needed. The site is far from urban areas. No one else goes there. But the parents are very involved in education and make extensive use of the school space. These parents wanted to be part of the space. So now, they needed a larger open space, a place they could use for youth gatherings and other workshops, for parents or as a community kitchen, and so on. This led us to involve the community more in the space because the school was becoming the town's community center.

For this new opportunity, we first sent the teacher a model of the construction system. Then, he shared the project with the community and

---

Utilizamos todas las maquetas para entender el rendimiento de la estructura. Probamos juntas, fuerzas, resistencia de materiales, ese tipo de cosas. Las maquetas no las usamos para entender el espacio. Usamos maquetas para entender la estructura, porque nuestros proyectos son muy geométricos y siempre estamos buscando la eficiencia estructural. Gastamos menos en el costo de la estructura. Siempre puedes ver mucha geometría en nuestros proyectos, puesto que no queremos crear estructuras extrañas con mucho esfuerzo en ese aspecto. Siempre estamos tratando de entender cómo podemos trabajar con una geometría muy limpia.

Ya dentro de la escuela, generamos un plano de planta abierto que permite moverse y cambiar el orden de los muebles, haciendo que transformar el espacio sea fácil para cualquiera.

Un par de años después del primer proyecto, el maestro nos llamó para una mejora, y entonces nos percatamos de por qué necesitaba una actualización. El lugar se ubica lejos de la urbe. Nadie más va allí. Pero los padres están muy

the fishermen. They began to understand how this tripod-based project would work, with infinite growth potential on the site and, thanks to the tripods, the ability to adapt to any geography.

All these projects were built communally because we had tons of energy at that time. We planned the construction in as many phases as possible to involve as many people as we could. The entire community participated, and many friends from Quito joined us to build. We could not stay throughout the construction period, but there was a positive outcome: it served as a means to assess the need for designers.

For example, if an NGO approached a community and simply provided a school without proper participation, the community might accept the school, yes, but it might be challenging to maintain it long-term. This project has had three, four, or five updates without us; they simply follow the system we provided. The project continues to grow and transform with all this geometry made of hexagons and tripods.

---

involucrados en la educación y usan mucho el espacio de la escuela. Estos padres querían ser parte del espacio. De modo que ahora necesitaban un espacio abierto más grande, una especie de espacio que pudieran usar como lugar para los jóvenes y también para cualquier otro tipo de taller, para los padres o como cocina comunitaria, cosas así. Fue lo que nos llevó a involucrar más a la comunidad en el espacio, porque la escuela se está convirtiendo en el centro comunitario del pueblo.

Para esta nueva oportunidad, primero enviamos al profesor una maqueta del sistema de construcción. Luego, él socializó el proyecto con la comunidad y con los pescadores. Comenzaron a entender cómo funcionaría este proyecto hecho sobre trípodes, con una capacidad infinita de crecer en el sitio y también, gracias a los trípodes, con la facilidad de adaptarse a cualquier geografía.

Todos estos proyectos se construyeron de manera comunitaria porque teníamos toneladas de energía en ese momento. Planeamos la construcción en tantas fases como fuera posible, para involucrar a tantas personas como pudiésemos. Toda la comunidad estaba involucrada y también muchos amigos

4.

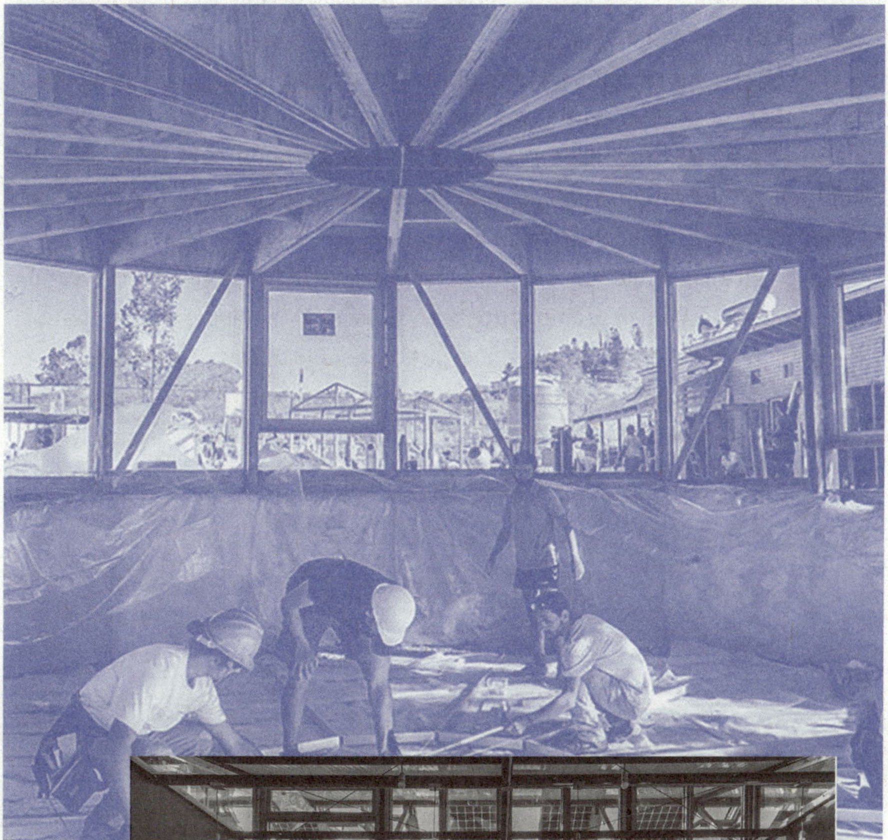

5.

Years later, we returned to redraw the plans as they were built. What we wanted was to understand what had happened with the geometry we had designed and the result of adapting each construction decision to the materials we had available.

The community became increasingly excited and called us for another project. We saw so many opportunities there and said, "Okay, these fishermen are very inspiring for the project because they are transforming their homes." We thought, "Perhaps the same methodology that teachers use in their classrooms, like Pestalozzi or Montessori—a learning methodology that involves people in more design decisions—could be applied here." We began to create a kind of architecture school because the fishermen became the students, working with different types of models to create a unique approach to the process. They could not read or write, but they were very skilled and experienced in construction and farming. We were pleasantly surprised when we saw the models and understood the construction phase

---

vinieron con nosotros desde Quito para construir. No pudimos quedarnos durante todo el período de construcción, pero hubo un resultado positivo: sirvió como un medio para evaluar la necesidad de tener a los proyectistas.

Por ejemplo, si una ONG se acercara a cualquier comunidad y simplemente proporcionara una escuela sin una participación adecuada, la comunidad podría aceptar la escuela, sí, pero tal vez sería difícil mantenerla a largo plazo. Este proyecto tiene tres, cuatro o cinco actualizaciones hechas sin nosotros, y simplemente ellos van siguiendo el sistema que proporcionamos. El proyecto sigue creciendo y transformándose, con toda esta geometría hecha de hexágonos y trípodes.

Muchos años más tarde, volvimos a dibujar los planos tal como fueron construidos. Lo que queríamos era entender qué había pasado allí con la geometría que pensamos y diseñamos, cuál había sido el resultado al adaptar cada decisión de construcción al material que teníamos disponible.

and structure because all the models demonstrated a high understanding of structural design. They did not have CNC machines or wood to build models. They did not even use glue. Instead, they gathered sticks from the beach, tied them with string, and simulated their construction methods. It was a valuable learning experience to see how they could translate construction knowledge into a model—one without scale but with accurate proportions. Since they did not use rulers or similar tools, it amazed us to realize that anyone can approach design using the tools at hand.

A different approach is necessary when we are not physically present in the community. In such cases, we collaborate with various stakeholders, such as government entities and NGOs. This particular case also occurred on the outskirts, in a rural area—but not a rural community area, rather private property. There was also a public school on this site. I want to present these projects to compare the different strategies we employed,

---

La comunidad estaba más y más emocionada, y nos llamaron para otro proyecto. Vimos tantas oportunidades allí y dijimos "okey, estos pescadores son muy inspiradores para el proyecto porque están transformando sus casas". Pensamos: "Quizás se pueda usar la misma metodología que los maestros usan en sus aulas, con Pestalozzi o Montessori, una metodología de aprendizaje en la que puedes estar involucrado en más decisiones de diseño, y comenzamos a crear una suerte de escuela de arquitectura, porque ellos eran los estudiantes que trabajaban con diferentes tipos de maquetas tratando de crear un enfoque diferente para el proceso. No saben leer ni escribir, pero son muy hábiles y experimentados en la construcción y en el cultivo. Nos llevamos una gran sorpresa cuando vimos las maquetas y entendimos la fase de construcción y la estructura, porque todas eran de una comprensión muy alta de la estructura. Ellos no tienen máquinas CNC, ni tienen madera para construir las maquetas. Tampoco usan pegamento. Solo recogen palitos en la playa y los atan con cuerdas y simulan de la misma manera en que construyen. Fue un aprendizaje muy bueno ver cómo

the types of policies we encountered, and the range of stakeholders involved in each project.

An NGO based in Montevideo commissioned us to design a sustainable school in Chile. They believed our participatory process could easily engage people. When we began designing the project, we realized that the school we were creating could easily be mistaken for one in Guatemala, Ecuador, Peru, or other similar environments. The poor state of public facilities is a common characteristic in our countries.

To address this issue in line with the project's main objectives—creating sustainable public schools—we removed all the walls and left only the structure. We decided to retain the steel structure and focus on maximizing its potential. We aimed to implement passive sustainable strategies because a public school might struggle to afford the maintenance of extensive technological solutions, especially when resources are limited. Therefore, we relied heavily on passive strategies to meet our goals.

---

pueden traducir el conocimiento de la construcción a una maqueta, una maqueta sin escala pero con proporciones. Porque no usan regla ni nada de eso. Para nosotros fue asombroso entender que cualquiera puede abordar el diseño con las herramientas a mano.

Otro enfoque se hace necesario cuando no estamos físicamente presentes en la comunidad. En tales casos, podemos colaborar con varias partes interesadas, como entidades gubernamentales y ONG. Este caso que vemos también está en las afueras, también en el área rural, pero no en el área rural comunitaria, sino en la propiedad privada. También tienen ahí una escuela pública. Y quiero exponer estos proyectos para comparar los diferentes tipos de estrategias que abordamos y los diferentes tipos de políticas a los que nos podemos enfrentar en el diseño, así como los diferentes tipos de partes interesadas que pueden estar involucradas en un proyecto.

Una ONG con sede en Montevideo decidió encargarnos el proyecto para una escuela sostenible en Chile. Pensaron que el proceso participativo que

Adding a greenhouse to the front of the school, facing north, served as a climatic buffer. In summer, you can open all the windows, creating cross ventilation. In winter, you can close the windows to temper the spaces. We also replaced the insulation with earthen materials because earth has a remarkable capacity to absorb the sun's temperature and later release heat indoors, maintaining very comfortable interior conditions without mechanical air conditioning or heating.

One of the main surprises for us was seeing how the teachers used the greenhouse as a new learning space. Teachers now have the option of teaching classes in this "outdoor" pedagogical space.

The front façade windows are also quite distinctive. They were repurposed from old houses near the sea, on Cartagena Beach—a beach that was very aristocratic at the beginning of the last century, filled with Victorian homes that are now in very poor condition. When we spoke with

---

manejamos tiene la posibilidad de involucrar a las personas de una manera muy fácil. Cuando comenzamos a diseñar el proyecto, nos dimos cuenta de que la escuela que estábamos creando podría ser fácilmente confundida con una en Guatemala, Ecuador, Perú y otros entornos similares. El pobre estado de las instalaciones públicas es una característica común en nuestros países.

Para transformar esta situación según los objetivos del proyecto principal, es decir, la creación de escuelas públicas sostenibles, eliminamos todas las paredes y dejamos la estructura. Decidimos mantener la estructura de acero y centrarnos en aprovecharla al máximo. Apuntamos a implementar estrategias sostenibles pasivas, ya que una escuela pública podría tener dificultades para costear el mantenimiento de soluciones tecnológicas extensas, en especial cuando los recursos son limitados. Por lo tanto, necesitábamos confiar mucho en estrategias pasivas para cumplir con nuestros objetivos.

Agregar un invernadero en la parte delantera de la escuela, mirando hacia el norte, funcionó como un amortiguador climático, porque en verano puedes abrir

6.

7.

the teachers, they mentioned taking children on walks along the beach to show these houses and recount the town's history. We wondered, "What if we incorporate architectural elements that evoke that pride into the school's design?"

This led us to focus on the façade. We decided to use recycled windows to create a street-facing façade. A public project can take two, three, or four years from design to construction because of the extensive bureaucracy involved with authorities. But in this case, everything changed due to the vastly different social structure of small towns compared to large cities. In this town, you could greet the mayor on the street. From design to construction, everything was completed in just one year because the mayor was very interested in transforming the public facility. This was particularly significant considering they received no government support. Public investment in these areas is quite rare. As a result, the mayor immediately opened all municipal institutions to facilitate the project.

---

todas las ventanas, creando ventilación cruzada. Durante el invierno, en cambio, puedes cerrar las ventanas y temperar los espacios. También reemplazamos el aislamiento con materiales terrosos, porque la tierra tiene una gran capacidad para absorber la temperatura del sol y luego transmitir el calor al interior y así mantener el edificio en condiciones interiores muy confortables, sin aire acondicionado o calefacción mecánica.

Una de las principales sorpresas para nosotros fue ver cómo los profesores usaron el invernadero como un nuevo lugar de aprendizaje. Los maestros cuentan ahora con la facilidad de dar clases en este espacio pedagógico "exterior".

Las ventanas de la fachada frontal también son muy distintivas, pues provienen de las casas antiguas que existían originalmente cerca del mar, en la playa de Cartagena, una playa que fue muy aristocrática a principios del siglo pasado, llena de casas victorianas, hoy en muy mal estado. Además, cuando hablamos con los profesores, dijeron que solían hacer un recorrido por la playa con los niños para mostrar todas esas casas y contar la historia del pueblo. Nos

Thanks to this, we also proposed removing fences and creating an open public space. Why are projects in Latin America always designed with large fences and barriers? Because they often address security and violence concerns. However, this is a small town where such barriers are unnecessary. This gave the school the opportunity to become the town's cultural center while simultaneously offering educational facilities for everyone. Now there is an entirely open space for anyone who wants to use it.

The project also includes a new circular pavilion, a special addition to the school. This school offers numerous additional activities, such as yoga, music, and theater classes—activities that are uncommon in public schools, especially in rural areas. We saw the potential to promote new activities that teachers enjoyed sharing with children.

Another significant aspect of working on public projects and facilities is the opportunity to spread our ideas to different people interested in learning more about these technologies and processes. We had a great

---

preguntamos: "¿Y si incorporamos elementos arquitectónicos que evoquen ese orgullo en el diseño de la escuela?".

Lo anterior nos llevó a centrarnos en la fachada. Decidimos usar ventanas recicladas para crear una fachada que diera a la calle. Un proyecto público puede tardar —desde el diseño hasta la construcción— dos, tres o cuatro años, porque se requiere mucho trabajo burocrático. Pero en este caso todo era diferente, ya que la estructura social difiere completamente al pasar de las grandes ciudades a los pequeños pueblos. En este pueblo, puedes saludar al alcalde en la calle. Desde el diseño hasta la construcción, todo se realizó nada más en un año, porque al alcalde le interesaba mucho transformar la instalación pública, sobre todo si consideramos que no recibieron ningún apoyo del Gobierno. Cualquier inversión pública en estas áreas es bastante extraña. De ahí que el alcalde abriera de inmediato todas las instituciones del ayuntamiento para facilitar el proyecto.

Gracias a eso también propusimos quitar las cercas y creamos un espacio público abierto. ¿Por qué los proyectos en América Latina siempre están diseñados

opportunity with the NGO to transform the school into a sustainable development. This NGO works in the same open way we do. We would even say that it's not just about transforming a traditional school into a sustainable one but also about spreading the message that there are many ways and technologies to build.

When working in urban settings, we face different problems and scales. There isn't the same relationship with a small community to discuss or efficiently construct with them, nor is there local construction knowledge, for example. In the master plan for the Cerro Blanco protected forest, we wanted to investigate why this forest was threatened. We discovered that, despite its large area, the threat came from both formal and informal urban expansion.

The first idea that comes to mind to solve the problem is to build big walls—an aggressive strategy from the perspective of those living in these

---

con grandes cercas y fronteras? Porque siempre estamos hablando de seguridad y violencia. Pero este es un pueblo pequeño donde no necesitas esas fronteras. Esto le da a la escuela la posibilidad de ser el centro cultural del pueblo y, simultáneamente, ofrecer las instalaciones educativas para todos. Ahora hay un espacio abierto por completo para todos los que quieran hacer algo aquí. El proyecto incluye un nuevo pabellón circular, una adición especial a la escuela. Tal escuela ofrece numerosos proyectos adicionales, como clases de yoga, música y teatro, que normalmente no se encuentran en las escuelas públicas comunes, menos en áreas rurales. Así que vimos este potencial para promover nuevas actividades que a los maestros les gusta compartir con los niños.

Otro tema significativo para nosotros, cuando trabajamos en proyectos e instalaciones públicas, es la oportunidad de difundir nuestras ideas a diferentes personas que también quieren saber más sobre este tipo de tecnología y este tipo de proceso. Tuvimos una muy buena oportunidad con la ONG respectiva, para transformar la escuela a un desarrollo sostenible. Es una ONG que trabaja

settlements. Changing our approach, we tried to figure out how conservation threats could become opportunities to preserve the forest. If this area, particularly its roadside border, is so commercially attractive, perhaps we could create a different kind of gathering and exchange space. With that in mind, we proposed several programs: restaurants, fairgrounds, markets, and spaces for sharing and meeting at the border. Everyone ventured into the first part of the forest, and then we opened it to the people. As more people became familiar with it, they were motivated to care for it, sparking new initiatives. Others advocated against urbanizing it. This is our vision: easy access for participation in park activities so that everyone becomes an ambassador for forest conservation.

We also understand that every project is an opportunity to create an experience. Because if you create an experience, it becomes easier to establish a conservation process: everyone remembers the forest, everyone can talk about it, everyone can say that the observation tower isn't a

---

de la misma manera que nosotros, con una construcción muy abierta. Incluso diríamos que no solo se trata de cambiar la escuela tradicional a una escuela sostenible, sino que también hacemos llegar a más gente el mensaje de que para construir existen muchas maneras y tecnologías.

Cuando estamos trabajando en la ciudad, tenemos problemas y escalas diferentes. No existe aquella relación con una pequeña comunidad para hablar o construir con ellos de manera eficiente, ni hay conocimiento de construcción local, por ejemplo. En el plan maestro del bosque protegido Cerro Blanco, quisimos indagar por qué este bosque está amenazado. Y descubrimos que, aun cuando es un área muy grande, la amenaza procede de la expansión urbana formal e informal.

La primera idea que a uno se le viene a la mente para resolver el problema es poner grandes muros, o sea, luchar con estrategias agresivas para el punto de vista de quienes viven en estos asentamientos. Cambiando el enfoque, intentamos averiguar cómo las amenazas a la conservación se convierten en oportunidades para mantener el bosque. Si esta área, si esta frontera vinculada a la carretera tiene

traditional tower, but rather a different way of climbing a tree... because you ascend from within the tree or, let's say, in the middle of the tree. The tree is the main structure, and then we have stairs and special platforms. It's a new potential, a new way to visit the project. So, the idea is to use every activity to create experiences. For example, we might need a small bridge, but if we also cover this bridge, we can create a bridge-classroom where teachers or guides can talk about the river that is usually out of sight. We always try to create spaces for staying and learning, a kind of open classroom everywhere and at all times.

That's when we realized we needed to design other types of lightweight coverings and roofs because we were in an extremely tropical environment, with temperatures around 30 to 35 degrees Celsius and high humidity.

On the other hand, we are always working to strongly incorporate the involved stakeholders, including the NGO that protects the forest. They

---

tanto atractivo comercial, tal vez podamos crear una forma diferente de espacios de reunión e intercambio. En esa dirección, propusimos varios programas: restaurantes, lugares feriales, mercados y espacios para compartir y reunirnos en esa frontera. Todos se aventuraron en la primera parte del bosque, y luego lo abrimos a la gente. A medida que más personas lo conocían, se dispusieron a cuidarlo e incluso dieron cauce a nuevas iniciativas. Otros abogaron por no urbanizarlo, en fin. Esta es nuestra visión: acceso fácil para participar en actividades dentro del parque, de forma que todos se conviertan en embajadores de la conservación del bosque.

También aquilatamos que cada proyecto es una oportunidad para crear una experiencia. Porque si creas una experiencia se vuelve más fácil crear también un proceso de conservación: todos recuerdan el bosque, todos pueden hablar sobre él, todos pueden decir que la torre de observación no es una torre tradicional, sino una forma diferente de subir al árbol... porque subes por dentro del árbol o, digamos, *en medio* del árbol. El árbol es la estructura principal, y luego tenemos

informed us that Holcim—a major concrete company—was interested in supporting the project, and we thought, "Well, if we have Holcim, maybe this is an opportunity to see them not just as suppliers but as a crucial partner." Instead of simply using their concrete for foundations that no one would see, we could explore ways to involve them more meaningfully. This could enhance their support for our cause. We proposed developing a lightweight concrete canvas and conducting research and innovation in material labs to explore its possibilities. They were excited and significantly increased their funding for the project, recognizing the challenging site conditions. This expanded support went beyond financial contributions. It also involved their engineers, whose role is undoubtedly key.

The first project was a viewpoint at the top of the first trail. It's only an hour-long trail, but we saw an opportunity not just to create a viewpoint but also to design a classroom and a gathering space. At the moment, many people are booking the spot to propose marriage—it's quite amusing.

---

escaleras y plataformas especiales. Es un nuevo potencial, una nueva forma de visitar el proyecto. Entonces, la idea es usar cada actividad para crear experiencias. Por ejemplo, necesitamos un puentecito, pero si además cubrimos este puente, podemos crear un puente-aula donde los maestros o el guía hablen sobre el río que usualmente no ves. Siempre intentamos crear espacios para estar y aprender, una especie de aula abierta en todas partes y en todo momento. Allí además caímos en la cuenta de que necesitábamos crear otro tipo de cubiertas y techos muy livianos, porque estábamos en un entorno extremadamente tropical, alrededor de 30 y 35 grados Celsius y alta humedad.

Por otro lado, estamos siempre trabajando para incorporar fuertemente a los actores involucrados, sin descuento de la ONG que protege el bosque. Nos informaron que Holcim —una importante empresa de hormigón— estaba interesado en apoyar el proyecto y pensamos "bueno, si tenemos a Holcim, tal vez sea una oportunidad para verla no solo como proveedora, sino como una socia crucial". En lugar de simplemente usar su hormigón para cimientos que nadie

8.

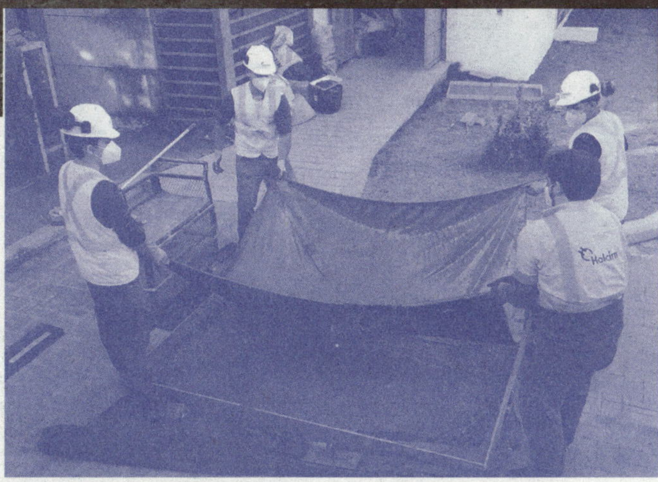

9.

10.

11.

12.

We always try to understand the structure piece by piece as it comes together, to send as much information as possible. Again, models are how we understand the structure and how we discuss it with our engineer. As I said before, we always aim for symmetry, geometric order, and material structural efficiency.

At the same time, we are also addressing informal urban expansion, which I mentioned earlier: the slum is growing. We proposed creating a large buffer zone, following the existing canal, and using the new area to add everything the slum lacks, such as social housing, cultural facilities, water treatment pools, agricultural areas, plazas, new parks, and a new entrance to the forest.

It's a way for the slum to formalize and gain access to all these public services it has been deprived of. There, they lack legal electricity, water systems, sewage, waste facilities, and public transportation. If we can

---

verá, podríamos explorar formas de involucrarlos de manera más significativa. Esto podría mejorar su apoyo a nuestra causa. Propusimos desarrollar un lienzo de hormigón ligero y llevar a cabo investigaciones e innovaciones en laboratorios de materiales para explorar sus posibilidades. Estaban entusiasmados y aumentaron considerablemente su financiamiento para el proyecto, reconociendo las difíciles condiciones del sitio. Este apoyo ampliado iba más allá de las contribuciones financieras. También implicaba a los ingenieros y su rol que sin duda es clave.

El primer proyecto fue un mirador en la cima del primer sendero. Es un sendero que se recorre en solo una hora. Pero vislumbramos en él una oportunidad no solo para ver, sino también para diseñar un aula y un espacio para reunirse. Hoy, mucha gente está reservando el lugar para hacer propuestas de matrimonio. Es muy divertido.

Tratamos siempre de entender la estructura pieza por pieza a medida que se une, para enviar la mayor cantidad de información posible. Nuevamente, las maquetas son la forma en la que entendemos y discutimos la estructura con

create a buffer between the slum and the forest, perhaps we can provide access to these services.

We also have a lot of work in academia because we see academia as an opportunity to collaborate with our studio on these issues. The same practices, the same things we do in our studio, are the things we teach in academia. It's completely connected. It's an extension. We only teach what we're working on in our studio. We don't have the capacity to teach anything else.

We've been working with different universities in Ecuador, Chile, and Peru, always with our focus on taking advantage of the conditions we encounter on the outskirts. The vulnerability stems from a lack of urban planning and tons of informality. So, we bring students there and start understanding what's happening with the communities and how we can support their process. We always talk. We talk, talk, and talk. We try to

---

nuestro ingeniero. Como dije antes, siempre buscamos simetría, orden geométrico y eficiencia estructural de los materiales.

En paralelo, tenemos la expansión urbana informal de la que también hablé: la barriada está creciendo. Propusimos entonces la creación de un gran amortiguador, siguiendo el canal que ya existe y aprovechando la nueva área para agregar todo lo que la barriada no tiene, como viviendas sociales, instalaciones culturales, piscinas de tratamiento de agua, áreas agrícolas, plazas, nuevos parques y una nueva entrada al bosque.

Es una vía para que la barriada pueda formalizarse y acceder a todos estos servicios públicos de los que ha estado desprovista. Ahí no tienen electricidad legal, ni sistemas de agua, ni alcantarillado, ni instalaciones para desechos. Tampoco transporte público. Si podemos crear un amortiguador entre la barriada y el bosque, tal vez podamos dar acceso a dichos servicios.

También tenemos mucho trabajo en la academia porque entendemos la academia como una oportunidad para trabajar con nuestro estudio en estos temas.

understand what can be done there, what they need, and how we can support their urban process and any needs they have. It's very impressive to see this real-time back-and-forth that students generate with their research. The students share their research with the community, and fortunately, the feedback is immediate.

La misma práctica, las mismas cosas que hacemos en nuestro estudio son las cosas que hacemos en la academia. Está completamente conectado. Es una extensión. Solo enseñamos las cosas en las que trabajamos en nuestro estudio. No tenemos posibilidades de enseñar nada más.

Hemos estado trabajando con diferentes universidades en Ecuador, Chile y Perú, siempre con nuestro enfoque de aprovechar las condiciones con que contamos en las afueras. La condición vulnerable se debe a la falta de planificación urbana y a toneladas de informalidad. Entonces, movemos a los estudiantes allí y comenzamos a entender qué está pasando con las comunidades y cómo podemos apoyar su proceso. Siempre hablamos. Hablamos, hablamos y hablamos. Y procuramos entender qué se puede hacer allí y qué necesitan ellos, cómo podemos apoyar su proceso urbano y cualquier necesidad que tengan. Es muy impresionante este ir y venir en tiempo real que los estudiantes generan con la investigación. Los estudiantes comparten su investigación con la comunidad y, por fortuna, la retroalimentación es inmediata.

Al Borde

It's more than an architecture firm; it's a way of life. Founded in May 2007, the firm is based at an altitude of 2,800 meters above sea level in Quito, Ecuador. Led by Pascual Gangotena (1977), David Barragán (1981), Marialuisa Borja (1984), and Esteban Benavides (1985) – all graduates of the School of Architecture, Design, and Arts at Pontificia Universidad Católica del Ecuador – the firm approaches architecture with a holistic perspective. They find opportunities in the cracks of the system, blending disciplines without pretense. Resilient by nature and resistant to dogma, their design philosophy is grounded in hands-on experience and a deep understanding of local contexts. Their projects aim to maximize the potential of local resources and promote social innovation.

The firm has participated in prestigious exhibitions such as "Think Global, Build Social! Architectures for a Better World" (Vienna, 2014) and "Reporting from the Front" at the Venice Architecture Biennale 2016. They have received numerous accolades, including being named one of the 100+ Best Architecture Firms in 2019 by DOMUS in Milan, Italy; winning the Ibero-American Panorama of Works award for the "Casa de las Camas en el Aire" project at the XI BIAU in Asunción, Paraguay; and receiving the Global Award for Sustainable Architecture from the LOCUS Foundation in Paris, among others.

Es una oficina de arquitectura, y más que todo, es un modo de vida. Nació en mayo de 2007 y tiene su base de operaciones a 2800 m s. n. m. en Quito, Ecuador. Los responsables de esta idea son Pascual Gangotena (1977), David Barragán (1981), Marialuisa Borja (1984) y Esteban Benavides (1985), que obtuvieron su título de arquitectos en la Escuela de Arquitectura, Diseño y Artes de la Pontificia Universidad Católica del Ecuador. Abordan la disciplina desde todas sus complejidades y encuentran en las grietas del sistema un espacio para operar. Se misturan sin pudor, son resilentes por naturaleza y renuentes a los dogmas, su pensamiento se ha construido en el diario hacer con las manos y está muy apegado a la realidad local. Sus proyectos buscan potenciar los recursos que encuentran en el territorio y tienen un alto componente de innovación social.

Han sido parte de exposiciones emblemáticas como "Think Global, Build Social! Architectures for a Better World" (Viena, 2014) y "Reporting from the Front" en la Bienal de Arquitectura de Venecia 2016. Han recibido numerosos premios entre los que destacan: 100+ Best Architecture Firms de Domus, en 2019, en Milano, Italia; el Panorama Iberoamericano de Obras por la Casa de las Camas en el Aire en la XI BIAU celebrada en Asunción, Paraguay; el Global Award for Sustainable Architecture de la Fundación LOCUS en París; entre otros.

www.albordearq.com

Table of images
Índice de imágenes

1. Nueva Esperanza | Esteban Cadena
Structure of the Nueva Esperanza school under construction with local residents. We mainly used local materials and techniques because we had no other option.
Estructura de la escuela Nueva Esperanza en construcción junto a los vecinos. Utilizamos los materiales y las técnicas locales principalmente porque no teníamos otra opción.

2. Esperanza_dos | JAG Studio
Aerial view of the roofs and gardens.
Vista cenital de las cubiertas y los jardines.

3. Esperanza_dos | JAG Studio
The school space is not just for children; it is also a community and social space, the heart of the village.
El espacio de la escuela no es solo para los niños, es también el espacio comunitario y social, es el centro del pueblo.

4. Escuela Sustentable | Lorena Presno
The circular pavilion is open for community use and hosts numerous cultural activities.
El pabellón circular está abierto al uso comunitario y alberga numerosas actividades culturales.

5. Escuela Sustentable | Lorena Presno
Classrooms now face a green corridor functioning as a greenhouse and even serving as a laboratory.
Las salas de clase ahora enfrentan un corredor verde que funciona como invernadero y que sirve incluso de laboratorio.

6. Escuela Sustentable | Lorena Presno
We incorporated demolition elements from old Victorian houses in the Cartagena resort, preserving the village's historical memory.
Incorporamos elementos de demolición provenientes de las antiguas casonas victorianes del balneario de Cartagena y lo incorporamos como parte de la memoria del pueblo.

7. Escuela Sustentable | Lorena Presno
The greenhouse interior is used for classes, laboratories, or as a play area during colder weather.
El interior del invernadero sirve para realizar clases y laboratorios o pasar el recreo jugando cuando el clima es mas frío.

8–9. Lienzo de hormigón ligero | Al Borde
We proposed and tested the possibility of building a rigid canopy to provide shade and rain protection.
Propusimos y testeamos la posibilidad de construir un lienzo rígido para proporcionar un espacio de sombra y buena cubierta a la lluvia.

10–11. Mirador aula | JAG Studio
At the top of the first trail, we installed a lookout, encouraging people to explore the park.
En la cima del primer sendero esta instalamos el mirador que es el incentivo a que las personas se internen en el parque y tengan la experiencia de recorrerlo.

12. Mirador aula | JAG Studio
We always strive to work with simple geometries and efficient structural models. Models are a great way to test our hypotheses.
Siempre intentamos trabajar con geometrías sencillas y maquetas estructurales eficientes. Los modelos son una buena manera de probar nuestras hipótesis.

660 million people don't think alike: diversities in contemporary Latin American architecture

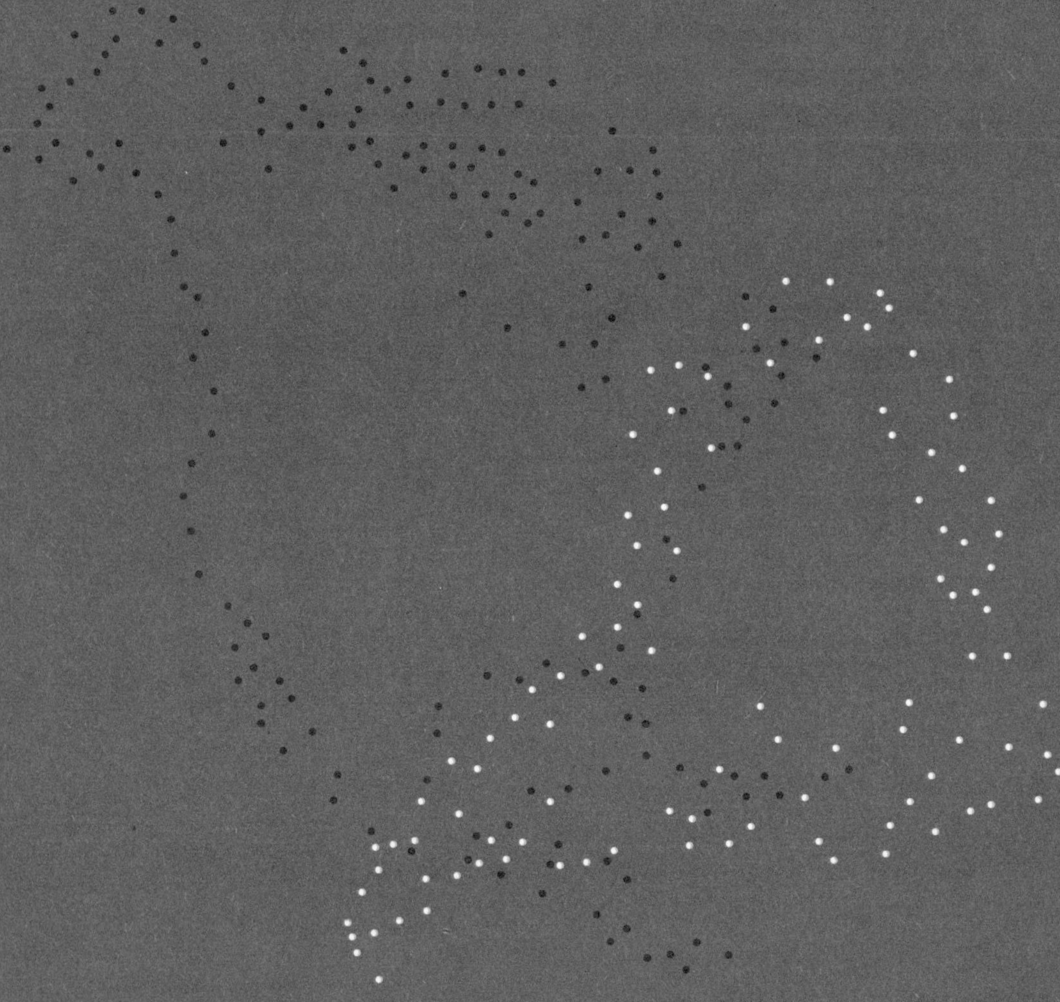

660 millones de personas no piensan igual: diversidades en la arquitectura latinoamericana contemporánea

NICOLÁS VALENCIA

In 1967, the founding group of Amereida, composed of poets, philosophers, painters, and sculptors, published an iconic image in their eponymous book: a hand-drawn depiction of the Southern Cross constellation superimposed on an inverted map of South America[1]. Two years earlier, the constellation had guided an expedition by truck from Tierra del Fuego in Chile, across the pampas and northern Argentina, to Santa Cruz de la Sierra in Bolivia. However, the journey was interrupted in the Bolivian Chaco due to clashes between Che Guevara's guerrilla forces and the national army.

"To orient oneself means, in the truest sense of the word: starting from a given region of the world (in which we divide the horizon into four) to find the others. That is to say, if I see the sun in the sky and know it is now noon, I can also find the south, west, north, and east,"[2] write the artists, poets, and architects in the anonymously published book.

Amereida not only reveals the significance of the interior of a subcontinent oriented toward the oceans but also highlights the

---

En 1967, el grupo fundacional de Amereida, compuesto por poetas, filósofos, pintores y escultores, publicó en su libro homónimo una imagen que pasó a la historia: un dibujo a mano de la constelación de la Cruz del Sur superpuesta a un mapa invertido de Sudamérica.[1] Dos años antes, la constelación había definido el itinerario de una travesía en camioneta desde Tierra del Fuego en Chile, cruzando la pampa y el norte argentinos, hasta Santa Cruz de la Sierra en Bolivia. Sin embargo, la travesía fue interrumpida en el Chaco boliviano debido a los enfrentamientos entre la guerrilla del Che Guevara y el ejército nacional.

"Orientarse quiere decir, en el sentido más propio de la palabra: a partir de una región dada del mundo (en las cuales cuatro dividimos el horizonte) encontrar las restantes. Vale decir: si yo veo el sol en el cielo y sé que ahora es mediodía, entonces sé también encontrar el sur, el oeste, el norte y el este",[2] escriben los artistas, poetas y arquitectos en el libro publicado sin autoría.

Amereida no solo revela la importancia del interior de un subcontinente volcado hacia los océanos, sino también lo arbitrario de nuestra orientación

arbitrariness of our anthropological orientation when it goes beyond simply knowing where the sun rises and sets. North, south, east, and west are directions, but at the same time, they are concepts that, through our experiences and the narratives we construct as societies, evoke images, colors, climates, emotions, prejudices, and all kinds of social constructs grounded in these lived experiences.

I. Diversities in Latin America

660 million people living in Latin America cannot share the same dreams, challenges, issues, or contexts. However, it is common for media outlets (not only in architecture) to speak literally of *Latin American, Asian,* or *African* architecture as if they were homogeneous, standardized, and consolidated styles. It is less common, however, to use the term *European architecture*: Spaniards, Finns, and Poles would agree that their architectures, in terms of history, conditions, and style, are far too different

---

antropológica cuando va más allá de saber dónde amanece y anochece. Norte, sur, este y oeste son orientaciones, pero al mismo tiempo, son conceptos que, por nuestras experiencias y los relatos que construimos como sociedades, nos evocan imágenes, colores, climas, emociones, prejuicios, miedos y todo tipo de construcción social cimentada sobre estas vivencias.

I. Diversidades en Latinoamérica

660 millones de personas viviendo en Latinoamérica no pueden tener los mismos sueños, desafíos, problemas ni contextos. Sin embargo, es común que los medios (no solo de arquitectura) hablen textualmente de arquitectura *latinoamericana*, *asiática* o *africana* como estilos homogéneos y estandarizados. Eso sí, es menos frecuente que se use el término *arquitectura europea*: españoles, finlandeses y polacos estarían de acuerdo en que sus arquitecturas, en términos de historia, condiciones y estilo, son muy diferentes entre sí como para ser englobadas bajo el mismo concepto.

to be grouped under the same concept. So, why do we do the same with the rest of the world? It is a mixture of ignorance, invisibility, and media underrepresentation.

Argentine critic Fredy Massad has argued that the 2008 financial crisis led Europe and the United States to seek new architectural discourses shaped by economic austerity.[3] Specialized critics supposedly found these discourses in the scarcity and economic efficiency of the poorest areas in Latin America, thereby perpetuating the prejudiced view of *Latin American precariousness*—much like the expectation of vernacular projects in tribal communities when we talk about African architecture. According to Massad, this scenario represents a comfortable stance for the developed world, which has never seen Latin America as an equal.

However, architectural production in Latin America is diverse. It doesn't escape financial, governmental, and advertising efforts to transform its capitals into global cities capable of attracting foreign capital, not only

---

Entonces, ¿por qué hacemos lo mismo con el resto del mundo? Es una mezcla de desconocimiento, invisibilización y subrepresentación mediática.

El crítico argentino Fredy Massad ha planteado que la crisis financiera de 2008 generó en Europa y Estados Unidos una búsqueda de nuevos discursos arquitectónicos marcados por la austeridad económica[3]. La crítica especializada, según el crítico, habría encontrado estos discursos en la precariedad y eficiencia económica de las zonas más empobrecidas de Latinoamérica, perpetuando así la idea prejuiciosa de la *precariedad latinoamericana*, tal como se esperan proyectos vernaculares en comunidades tribales cuando hablamos de arquitectura en África. Según Massad, este escenario sería una posición cómoda para el primer mundo, que jamás ha visto a Latinoamérica como un igual.

Sin embargo, la producción de arquitectura en Latinoamérica es diversa. Ni siquiera escapa a los intentos financieros, gubernamentales y publicitarios por

through complex economic structures but also through the images that their architecture projects. The aerial view when flying over Panama City conveys the powerful image of a successful, modern country integrated into global markets, despite its social contradictions. Likewise, Torre Obispado in Monterrey, Gran Torre Costanera in Santiago, or One Tower in Camboriú could be found in any other financial capital of the world.

In this sense, the architects featured in this book are exceptional not only for the spatial quality of their work but also for their keen understanding of their geographic, political, social, and cultural contexts. They don't represent all the richness of architecture produced in Latin America today, but they do reflect some of the most profound trends in both built and theoretical production. This is what Milagros Zingoni and Germán Valenzuela describe in the book's introduction as a "situated architecture." This quality makes their work distinctive and unique within the regional landscape.

---

convertir sus capitales en centros globales capaces de atraer capital extranjero a través de complejas estructuras económicas y el imaginario que sus obras de arquitectura proyectan. Sobrevolar Ciudad de Panamá transmite la poderosa imagen de un país exitoso, moderno e integrado a los mercados globales, disimulando sus desigualdades y tensiones sociales. Asimismo, la Torre Obispado en Monterrey, la Gran Torre Costanera de Santiago o la One Tower en Camboriú podrían estar en cualquier otra capital financiera del mundo.

En ese sentido, las arquitectas y arquitectos que forman parte de este libro son excepcionales no solo por su calidad espacial, sino también por su lúcida comprensión de su contexto geográfico, político, social y cultural. No representan toda la riqueza de la arquitectura producida en Latinoamérica actualmente, pero sí unas de las tendencias más profundas en producción tanto construida como teórica. Una "arquitectura situada", como plantean Zingoni y Valenzuela en la introducción de este libro. Eso las hace particulares y únicas en el concierto regional.

II. Collectivities: Because it belongs to everyone, it matters to everyone

David Barragán, from Al Borde, summarized a core idea in the Ecuadorian firm's philosophy during his presentation at the University of Tennessee: "The sense of collectivity is because we need others."

The sense of collectivity that Barragán advocates for isn't born out of romanticism or altruism; it stems from the challenges of materializing architecture in areas where the state's presence is absent or where social and geographic conditions complicate the development of any architectural project. Appealing to collectivity increases the likelihood of realizing architecture: because it belongs to everyone, it matters to everyone.

It's no coincidence that Barragán, along with Pascual Gangotena—the original founders of Al Borde—studied architecture at the Pontificia Universidad Católica del Ecuador during the inflationary financial crisis

---

II. Colectividades: como es de todos, a todos nos importa

David Barragán sintetizó en su presentación una idea central en la filosofía de Al Borde: "El sentido de colectividad es porque necesitamos a los demás". El sentido de colectividad por el que aboga Barragán no surge por romanticismo o altruismo, sino por la fragilidad de materializar la arquitectura en zonas donde el Estado no llega o donde las condiciones sociales y geográficas complican el desarrollo de cualquier obra. Apelar a la colectividad aumenta las posibilidades de materializar la arquitectura: como es de todos, a todos nos importa.

No por casualidad, Barragán y Pascual Gangotena –fundadores de Al Borde–, estudiaron arquitectura en la Pontificia Universidad Católica del Ecuador durante la crisis financiera inflacionaria de 1998-1999 que hizo hervir al país: en solo tres años, 700.000 ecuatorianos, equivalentes al 5% de la población, emigraron del país.[4]

of 1998–1999, which threw the country into turmoil: within three years, 700,000 Ecuadorians, equivalent to 5% of the population, emigrated.[4]

Ecuadorian architect and urban planner Ana María Durán argues that this economic trauma gave rise to a generation that is both socially aware and equipped with "the necessary tools to practice it: both manual and digital."[5] Durán notes that this methodology is encapsulated by the phrase "doing more with less."[6] Although she refers to the history of contemporary Ecuadorian architecture, the concept of doing more with less also applies to other speakers at the University of Tennessee, such as Marcos Coronel, who has been categorized under labels like informal architecture[7-8] and social architecture,[9] while Gloria Cabral has been described as part of a Paraguayan movement grounded in principles of affordability, self-sufficiency, and the creative exploration of a limited palette of materials.[10]

La arquitecta y urbanista ecuatoriana Ana María Durán plantea que ese trauma económico dio a luz a una generación consciente y con las "herramientas necesarias para ejercitarla: las manuales y las informáticas".[5] La propia Durán sintetiza esa metodología bajo el aforismo "hacer mucho con poco"[6]. Aunque habla de la experiencia ecuatoriana contemporánea, la idea de *hacer mucho con poco* también puede incluir a otros expositores en Tennessee, como Coronel, quien ha sido encasillado en categorías como arquitectura de la informalidad[78] y arquitectura social[9], mientras Gloria Cabral ha sido presentada como parte de "un movimiento [paraguayo] basado en principios de asequibilidad, autosuficiencia y exploración creativa de una paleta limitada de materiales".[10]

Precisamente, Al Borde, Cabral y Coronel son algunos de los exponentes de una generación crítica con los estilos arquitectónicos históricos y dominantes tanto en sus países como en Latinoamérica en general.[11]

Al Borde, Cabral, and Coronel are among the exponents of a critical trend against historical and dominant architectural styles in both their countries and Latin America in general.[11]

Around the second half of the 20th century, the modernist movement in Latin America gained greater traction in countries with flourishing economies and strong state roles in urban and territorial planning: primarily Brazil, Mexico, Venezuela, Argentina, Uruguay, and Chile.

However, the rise of military dictatorships in Latin America and the imposition of neoliberal models in territorial development, along with the subsequent deterioration of modernist constructions, transformed this avant-garde movement into a constant subject of critique for the generations of architects trained in the 1990s.

The dominance of universal styles, the strong influence of the real estate sector on the standardization of urban development, and the importation of developmentalist ideals raised questions about their

---

Alrededor de la segunda mitad del siglo XX, el movimiento moderno en Latinoamérica permeó con mayor fuerza en países cuyas economías florecieron y el Estado asumió un rol fuerte en la planificación urbana y territorial: principalmente Brasil, México, Venezuela, Argentina, Uruguay y Chile.

Sin embargo, la imposición de dictaduras militares en Latinoamérica y modelos neoliberales en sus procesos de territorialización, junto al posterior deterioro del patrimonio del movimiento moderno, convirtieron a esta vanguardia en un modelo de constante crítica por parte de las generaciones de arquitectas y arquitectos formados en la década de 1990.

El éxito de los estilos universales, el predominante peso del sector inmobiliario en la estandarización del desarrollo urbano y la importación de imaginarios desarrollistas hizo cuestionar su implementación en las ciudades latinoamericanas desde el rendimiento climático, los costos de mantenimiento y los discursos de identidad y pertenencia.

implementation in Latin American cities, especially in terms of climate performance, maintenance costs, and identity and belonging. In Chile, since its founding in 1999, the Talca School has developed an educational model that integrates theory and practice through projects directly executed by students in the rural areas of the region. Similarly, José Fernando Gómez, co-founder of the Ecuadorian firm Natura Futura, observed that in his hometown of Babahoyo, clients preferred concrete and glass buildings for their social prestige, even though brick performs better in hot, humid climates like that of Babahoyo.

As Barragán acknowledged about his own education in Ecuador, architectural university programs in Latin America remain heavily focused on European and American experiences. However, with the advent of the internet, new generations have not only gained access to new references but have also become part of the decentralization of knowledge production and the study of alternative models.[12]

En Chile, la Escuela de Talca desde 1999 implementó un modelo educativo que integra la teoría y la práctica a través de proyectos pensados y construidos por los estudiantes en el territorio rural de la región. Mientras José Fernando Gómez, cofundador de la oficina ecuatoriana Natura Futura, identificó que en su natal Babahoyo los clientes preferían edificios hechos en hormigón y vidrio por su prestigio social, a pesar de que el ladrillo tiene un mejor rendimiento en un clima húmedo y caluroso ahí.

Como reconoció Barragán, los modelos pedagógicos universitarios arquitectónicos en Latinoamérica siguen enfocados en las experiencias europeas y estadounidenses. No obstante, con la llegada de internet, las nuevas generaciones no solo pudieron acceder a nuevos referentes, sino también formar parte de la descentralización de la producción de conocimiento y aprendizaje sobre otros modelos.[12] Asimismo, abrazaron el concepto de una inteligencia colectiva que no solo comprende el conocimiento de todas las arquitectas y arquitectos involucrados en el

A common element among the firms and practices in this curation is the presence of a collective intelligence that includes not only the expertise of all the architects involved in the project but also that of clients, workers, the benefiting community (where applicable), and ancestral (or vernacular) knowledge of building within these ecosystems.

This collective intelligence is not the same as what is typically known as civic participation—where the observations, knowledge, history, and suggestions from those benefiting from a public project are considered. Rather, collective intelligence here refers to the architects' ability to reclaim historical (or ancestral) low-cost construction solutions in contemporary architecture with new codes, uses, and aesthetics. Under this framework are firms like the Ecuadorian offices Natura Futura, ENSUSITIO, and Al Borde; Italian architect Marta Maccaglia; Colombian firm Ruta 4; and Costa Rican studio Entre Nos Atelier.

---

encargo, sino también el de clientes, trabajadores, la comunidad beneficiada (si aplica) y los conocimientos ancestrales (o *vernáculos*) sobre construcción en esos ecosistemas.

Esa inteligencia no equivale a *participación ciudadana*, es decir, el conjunto de observaciones, conocimientos, antecedentes y sugerencias sobre el lugar intervenido por parte de quienes se verán beneficiados en un proyecto de alcance público. En realidad, la inteligencia colectiva es entendida como la posibilidad de recuperar soluciones constructivas históricas de bajo costo en la arquitectura contemporánea bajo nuevos códigos, usos y estéticas. Aquí citamos a Natura Futura, ENSUSITIO y Al Borde en Perú; Marta Maccaglia en Perú; Ruta 4 en Colombia y Entre Nos Atelier en Colombia.

III. Problemas locales, respuestas locales

Cabral y Al Borde representan un cambio fundamental en el enfoque de cierta arquitectura contemporánea latinoamericana: optan por la revitalización

III. Local problems, local responses

Cabral and Al Borde represent a fundamental shift in the cultural approach to contemporary Latin American architecture: they choose to revitalize local knowledge and materials for their low production costs, quick access to specialized labor, and better thermal performance. However, it's important to clarify that, despite the rise of populist nationalism in the West over the past ten years, these discussions surrounding traditional architecture in Latin America (referred to as "neotraditionalism" by Durán) are not rooted in racial or ethnocentric narratives but rather in practical considerations.

Barragán explains:

It was a great discovery when we realized that, with the same materials and construction technologies that the community has at hand, we could create a new architecture for them. You can translate the local language. It's raised on stilts, and the walls are made of bamboo, wood, and straw. It's completely

---

de conocimientos y materiales locales por sus bajos costos de producción, mejor rendimiento térmico y mayor acceso a mano de obra especializada. No obstante, a pesar del auge del nacionalismo populista en Occidente en los últimos diez años, estos discursos relacionados con la arquitectura tradicional en Latinoamérica —"neotradicionalismo", según Durán— no tienen raíz en discursos raciales ni etnocéntricos, sino técnicos.

Barrán lo explica:

Fue un gran descubrimiento cuando entendimos que con los mismos materiales y las mismas tecnologías de construcción que la comunidad tiene a mano, podríamos crear una nueva arquitectura para ellos: las paredes están hechas de bambú, madera y paja. La diferencia es cómo la arquitectura entiende el conocimiento local y lo transforma en arquitectura contemporánea.

Al Borde y Cabral llevan la arquitectura donde nunca ha estado, al igual que Marta Maccaglia en la sierra y Amazonas peruano, Natura Futura en Babahoyo y Ruta

the same; the difference is how architecture understands local knowledge and transforms it into contemporary architecture.

Al Borde and Cabral are taking architecture to places it has never been, much like Marta Maccaglia in Peru's Andes and Amazon regions, Natura Futura in Babahoyo, and Ruta 4 in the rural areas of Colombia's coffee-growing region. In this regard, most of their projects are located in isolated, impoverished, or rural areas that lack access to architects, government solutions, and especially to the real estate market.

In these contexts, architects achieve, on one hand, an understanding that standardized models of public architecture, typically designed for specific climate ranges, don't fit all geographic and cultural realities of their own countries. As André Nogueira suggests, "architects rely on abstraction in their processes [...] They must strive to understand why people do what they do to expand the value-creation options beyond the obvious."

---

4 en las zonas rurales del eje cafetero colombiano. En ese sentido, la mayoría de sus obras están en zonas aisladas, pobres o rurales que no tienen acceso ni a arquitectos ni a soluciones estatales ni menos al mercado inmobiliario.

Por una parte, entienden que los modelos estandarizados de arquitectura pública concebidos generalmente para rangos climáticos no calzan en todas las realidades geográficas y culturales de sus propios países.

Y por otro lado, entienden que la mano de obra local se ha convertido en experta en materiales locales, permitiendo abaratar costos, otorgar espacios que resuelven mejor las necesidades locales, desarrollar mejores soluciones térmicas, además de revalorizar la historia y el conocimiento constructivo de la comunidad.

La mayoría de las veces, se trata de obras que cubren necesidades básicas (educación, salud, espacios de recreación) que, para alcanzar el éxito, deben replicar las estructuras y lógicas propias de la comunidad. Por más bella que sea una plaza, si el diseño conceptual no entiende las lógicas de sus

On the other hand, they recognize that with limited budgets, local materials and local labor—who have become experts in handling those materials—help reduce costs, provide spaces that better meet local needs, offer improved thermal solutions, and revitalize the community's history and construction knowledge.

Most of the time, these projects address basic needs (education, healthcare, recreation spaces) that, to be successful, must replicate the structures and logic intrinsic to the community. No matter how beautiful a plaza is, if its conceptual design doesn't understand the inhabitants' way of life, it will struggle to endure over time. Furthermore, the durability of these projects is often short, as budgets typically cover execution but not maintenance.

IV. Architecture solves more than it should

Public solutions tend toward homogenization, while private solutions lean toward exclusivity, even though both seek the scalability of their designs—to

---

habitantes, difícilmente perdurará en el tiempo. Además, la durabilidad de estas obras es corta, ya que los proyectos suelen considerar presupuesto para la ejecución, no para el mantenimiento.

IV. La arquitectura soluciona más de lo que debe

Las soluciones públicas tienden a la homogeneización, mientras las privadas tienden a la exclusión, aunque ambos persigan la escabailidad de sus soluciones para expandir su impacto y maximizar ganancias, respectivamente.[13] En los ejemplos presentados en la Universidad de Tennessee, la mayoría aborda un diferente enfoque, tal como Caballero explicó en su conferencia:

> *No quiero ser un profesional que solo dé respuestas a la pregunta que me hace el cliente.*

expand their impact in the former case and to maximize profits in the latter.[13] In the examples presented at the University of Tennessee, most projects follow a different approach, as Caballero explained in his lecture:

> *I don't want to be a professional that only give answers to the question that the client asked me.*

Similarly, Cabral views optimization not just as reducing costs or fitting a budget but as addressing additional challenges through her architecture:

> *We knew that if we used cheap materials and were careful, we could lower costs and build a little more. This means that more children could be served in this project. The list of children who may need to wait one year or more to start their treatments is long. But if we save some money from the budget, these children can have the treatment within the same year.*

Therefore, it's common for these firms to prioritize structure in their project concepts: it's crucial for construction, durability, and spatial quality, as it's the

---

Por su parte, Cabral plantea la optimización no únicamente en el sentido de reducir costos o ajustarse al presupuesto, sino en cómo la solución que ofrece su arquitectura puede resolver más desafíos de los que se imponen:

> *Sabíamos que, si usábamos materiales baratos y éramos cuidadosos, podríamos reducir costos y construir un poco más.*

Por eso, es común que para estas oficinas, la estructura sea tan importante en la concepción de sus proyectos: es clave en términos de construcción, solidez y espacialidad, pues es lo mínimo que una obra de arquitectura puede ofrecer. Así, la estructura define la forma y no al revés, como insiste Cabral:

> *Si entendemos la estructura, si entendemos cómo funcionan los materiales, podemos hacer la forma.*

Asimismo, la estructura es también lo único que no se puede demoler cuando el reciclaje se convierte en estrategia de diseño. Ese es el caso de Javier Sánchez al

bare minimum a work of architecture can offer. Thus, structure defines form, not the other way around, as Cabral insists:

> *If we understand about structure, if we understand about how materials work, we can make the form.*

Sometimes, the structure is the minimum that can be built, and in other cases, it's the only thing that can't be demolished when recycling becomes a design strategy. This is the case with Javier Sánchez's work, which repurposes infrastructures in projects like La Fábrica de Hielo and Hotel Umbral. The most sustainable project is the one that doesn't need to be built.

Sánchez explores the creativity that emerges when the rules of the game are shaped not by urgency but by the history of the building itself, leveraging historical structures that are often more resilient and have larger spatial dimensions than contemporary ones. These types of projects offer a sustainable alternative to the constant horizontal

---

recuperar infraestructuras en la Fábrica de Hielo, el Hotel Umbral y las Viviendas María Ribera. El proyecto más sustentable es aquel que no se construye.

Sánchez aborda la creatividad que surge cuando las reglas del juego no son impuestas por la urgencia, sino por la historia del inmueble intervenido, aprovechando estructuras históricas generalmente más resistentes y espacialidades más amplias que las contemporáneas. Este tipo de proyectos ofrece una alternativa sostenible a la constante expansión horizontal de las ciudades latinoamericanas como Ciudad de México.

El trabajo de Sánchez en la capital mexicana se hermana con São Paulo, la ciudad de 20 millones de habitantes cuyo grado de densificación vuelve la remodelación de departamentos en uno de los encargos más cotidianos entre arquitectos como [entre escalas], Arquipélago Arquitetos, Angá Arquitetura y CoDA Arquitectura. Y en otros ciudades de Latinoamérica, cabe señalar a Rama Estudio y La Cabina de la Curiosidad en Quito, Oficina Bravo en Santiago, Florencia Rissotti e Ignacio Szulman en Buenos Aires.

expansion of Latin American cities like Mexico City by reclaiming structures, neighborhoods, and histories.

Sánchez's work in Mexico City finds a counterpart in São Paulo, a city of 20 million whose dense center makes apartment renovation one of the most common commissions for architects, with firms like entre escalas (Marina Canhadas), Arquipélago Arquitetos, Angá Arquitetura, and CoDA Arquitetura leading the way. In other Latin American cities, notable firms include Ruta 4 in Pereira, Rama Estudio and La Cabina de la Curiosidad in Quito, Oficina Bravo in Santiago, and Florencia Rissotti and Ignacio Szulman in Buenos Aires.

V. Building truly inclusive public spaces

An idea that emerges from the practices presented in this book is that architecture not only fulfills a physical form or client requirements but can also address a broader vision that transcends property boundaries and even approaches the historical issues within societies.

V. Construir espacios públicos realmente para todos

Una idea que emana de las prácticas presentadas en este libro es que la arquitectura no solo resuelve una forma física o los requerimientos del mandante, sino que también puede abordar una visión más amplia que trascienda los límites del predio e incluso aproximarse a los problemas históricos de sus sociedades.

Uno de sus problemas históricos es el espacio público: en sociedades altamente desiguales como las latinoamericanas,[14] vivir en burbujas sociales es algo cotidiano y largamente explotado por el mercado inmobiliario para desarrollar megaburbujas sociales excluyentes como Nordelta en Buenos Aires[15] y Cumbayá en Quito. Por lo mismo, la autoexclusión reduce las posibilidades de encontrarnos con otros en espacios comunes. La otredad es una amenaza en vez de ser una oportunidad de descubrimiento y reconocimiento mutuo. A veces disfrazamos de violencia lo que es simplemente desconfianza. Barragán es explícito al respecto:

One of these issues is public space: in highly unequal societies like those in Latin America,[14] social bubbles are a daily reality, heavily exploited by the real estate market to develop large, exclusive social bubbles like Nordelta in Buenos Aires[15] and Cumbayá in Quito. This self-segregation limits opportunities for encounters in common spaces. Otherness becomes a threat rather than an opportunity for mutual discovery and recognition, often masking simple distrust as a fear of violence. Barragán is explicit on this matter:

> *We removed the fences and created an open public space because projects in Latin America are always designed with big fences and borders, as we're always talking about security and violence, but this is a small town where everyone knows each other, so you don't need these kinds of boundaries.*

In a formal real estate setting, Caballero also understands that he can play within the existing rules:

> *Quitamos las cercas y creamos un espacio público abierto porque siempre los proyectos en América Latina están diseñados con grandes cercas y grandes fronteras porque siempre estamos hablando de seguridad y violencia, pero este es un pueblo muy pequeño donde todos se conocen, así que no necesitas este tipo de fronteras.*

En un caso formal de mercado inmobiliario, Caballero también entiende que puede jugar con las reglas del juego:

> *Nuestra idea es producir bienes públicos, espacios para que la gente disfrute y para que a través de la inversión privada también pueda construirse la ciudad. Muchas veces la arquitectura tiene que ser contrabandeada mientras se resuelven los problemas que realmente preocupan más a los inversionistas.*

Cuando Sánchez diseña una terraza pública en la azotea de la Fábrica de Hielo porque "cree en la cultura local", nos dice que confía en su barrio y en su gente. Es un acto de confianza en los que lo rodean.

> *Our idea of producing public goods, spaces for people to enjoy and through investment being able also to build the city, many times has to be smuggled while you solve the issues that concern investors the most.*

When Sánchez designs a public terrace on the rooftop of La Fábrica de Hielo because he "believes in the local culture," he is telling us that he trusts his neighborhood and the people who live in it. This is why he chooses to open up to the community. It's an act of trust in those around him.

VI. Architecture as a *toolkit*

If Al Borde, Caballero, Cabral, Coronel, and Sánchez exemplify contemporary built architecture in Latin America, Marcela Godoy and André Nogueira represent alternative approaches to practicing architecture in the region. Both use the tools of the discipline to tackle issues in the built environment through

---

VI. La arquitectura como un *toolkit*

Si Al Borde, Caballero, Cabral, Coronel y Sánchez son ejemplos de arquitectura contemporánea, Marcela Godoy y André Nogueira representan modos alternativos de ejercer la arquitectura en la región. Ambos utilizan las herramientas de la disciplina para abordar problemáticas del entorno construido en otros formatos, lo cual plantea una pregunta: ¿la arquitectura recurre a otras disciplinas porque su pensamiento metodológico se lo permite, o porque su formación es insuficiente?

Esta interrogante se alinea con proyectos e iniciativas en América Latina como el pódcast mexicano Otros Entregables, el congreso Comunicar Arquitectura, las publicaciones chilenas *Esto no es arquitectura,*[16] *Arquitectura no es solo obra,*[17] *Arquitectura escrita*[18] y *#XFORMAS de Hacer Arquitectura.*[19]

En este contexto, Godoy ve el diseño como una manera de abordar sus propias preguntas en el ámbito de la tecnología, donde el resultado no siempre

different formats, raising an important question: does architecture draw on other disciplines because its methodological thinking allows it, or because its training is insufficient?

This question aligns with projects and initiatives in Latin America, such as the Mexican podcast *Otros Entregables*, the *Comunicar Arquitectura 2020* conference, and Chilean publications like *Esto no es arquitectura,*[16] *Arquitectura no es solo obra,*[17] *Arquitectura escrita,*[18] and *#XFORMAS de Hacer Arquitectura.*[19]

In this context, Godoy sees design as a way to explore her own questions within technology, where the outcome isn't always a single object: it could be a deployable building, interactive designs, art pieces, or open-source code. Nogueira, on the other hand, views design as a useful tool to address social and political issues through public policy mechanisms and social impact.

---

es el mismo objeto: un edificio desplegable, diseños interactivos, piezas de arte y líneas de código abierto. Por su parte, Nogueira considera el diseño como una herramienta útil para enfrentar problemas sociales y políticos a través de mecanismos de políticas públicas e impacto social.

Ambos comprenden la importancia de escalar las soluciones para generar un impacto que trascienda los límites de un proyecto individual, similar a lo que sucede con otras experiencias descritas en el libro. Godoy lo expresa así:

> *He aprendido mucho a través de la colaboración, y he logrado varias de mis ideas colaborando con otros. Cuando piensas, por ejemplo, en el cambio climático y todos los problemas ambientales causados por la basura que estamos produciendo, es difícil encontrar una solución que podamos llevar a cabo por nuestra cuenta.*

Both understand the importance of scaling solutions to generate an impact beyond the confines of an individual project, similar to the approach of other architects featured in this book. Godoy expresses it as follows:

I have learned a lot through collaboration, and I have achieved many of my ideas by collaborating with others. When you think, for example, about climate change and all the environmental issues caused by the waste we are producing, it's difficult to find a solution that we can implement on our own."

Conclusions

The rich and varied experience of Latin American architectural firms, as described, offers valuable lessons for young architects. These practices are characterized by a focus on collectivity, intelligent use of local materials, and a deep understanding of the social, cultural, and geographical context. By applying these principles, young architects can develop projects that are more sustainable, inclusive, and culturally resonant.

Conclusiones

La rica y variada experiencia de las oficinas de arquitectura latinoamericanas ofrece valiosas lecciones para los arquitectos y arquitectas jóvenes. Estas prácticas se caracterizan por su enfoque en la colectividad, el uso inteligente de materiales locales y una profunda comprensión del contexto social, cultural y geográfico. Al aplicar estos principios, podemos desarrollar proyectos más sostenibles, inclusivos y culturalmente resonantes.

El sentido de colectividad y la capacidad de *hacer mucho con poco* ofrece una lección crucial. Cuando los recursos son limitados, la colaboración y la capacidad de observación crítica se convierten en herramientas fundamentales. Los arquitectos jóvenes pueden adoptar un enfoque más colaborativo, involucrando a la comunidad en el proceso de diseño y

The sense of collectivity and the ability to do more with less, as demonstrated by the practices mentioned in this book, offer a crucial lesson. When resources are limited, collaboration and observation become essential tools. Young architects can adopt a more collaborative approach by involving the community in the design and construction process, making the most of available resources to create meaningful and lasting spaces.

Furthermore, the emphasis on revitalizing local knowledge and materials promoted by these firms highlights the importance of rediscovering and valuing regional construction traditions. This could mean placing greater emphasis on using local materials and techniques tailored to the specific climatic and cultural conditions of each location. This approach not only helps reduce costs and improve sustainability but also strengthens local identity and fosters a sense of belonging among those who use these spaces.

---

construcción, y aprovechando al máximo los recursos disponibles para crear espacios significativos y duraderos.

Además, la revitalización de conocimientos y materiales locales que promueven estas oficinas subraya la importancia de redescubrir y valorar las tradiciones constructivas regionales. Este enfoque no solo puede reducir los costos y mejorar la sostenibilidad, sino que también puede fortalecer la identidad local y fomentar un sentido de pertenencia entre quienes usen estos espacios.

NOTES

1 *Amereida* (Santiago: Editorial Cooperativa Lambda, 1967), 189.

2 *Amereida*, 169.

3 Fredy Massad, *Crítica de Choque* (Buenos Aires: Bisman Ediciones, 2017), 160.

4 Ana María Durán, "Arquitectura contemporánea de Ecuador (1999-2015): El florecimiento de una crisis", *RITA 3*, (abril 2015): 40.

5 Ana María Durán, "Contemporary Architecture" / "Arquitectura contemporánea", 40.

6 Ibid.

7 Josep Maria Montaner, *La condición contemporánea de la arquitectura* (Barcelona: GG, 2015), 128.

8 Informal architectures are not necessarily developed on the margins of society: the Espacios de Paz project (2014-2016), led by Coronel, had the support of the Ministry of the Popular Power of the Office of the President and Government Management Monitoring during Nicolás Maduro's first term. Later, Coronel represented Venezuela at the 2018 Venice Architecture Biennale.

9 "Venezuelan Architects Recognized at the Venice Biennale"; "Arquitectos venezolanos son reconocidos en la Bienal de Venecia", *El Universal*, May 29, 2018, https://www.eluniversal.com/entretenimiento/10670/arquitectos-venezolanos-son-reconocidos-en-la-bienal-de-venecia.

10 Michael Snyder, "Paraguay's Response to Modernist Architecture? Clay, Mud and Timber", *The New York Times Style Magazine*, 14 de febrero de 2020, https://www.nytimes.com/2020/02/14/t-magazine/paraguay-architecture.html.

11 Miquel Adrià y Andrea Griborio, *RADICAL. 50 Arquitecturas Latinoamericanas* (Ciudad de México: Arquine, 2017), 320.

12 Nicolás Valencia. 2023. "Notes for a history of digital media in Web 2.0 and its impact on architecture", *SOBRE* 9 (junio): 87-96 https://doi.org/10.30827/sobre.v9i1.28257.

13 Nevertheless, public-private urban initiatives that offer more than is required are gaining ground in Latin America with successful projects such as the Mercado Urbano Tobalaba in Santiago or Distrito Vera in Medellín. However, they remain an exception.

14 "Global Inequality Data – 2020 update", WID World, August 5 2024 https://wid.world/news-article/2020-regional-updates/.

15 Carlos Pagni, *El Nudo* (Buenos Aires: Planeta, 2023), 776.

16 Various authors, *Esto no es arquitectura* (Talca: Bifurcaciones, 2023), 221.

17 Juan Pablo Urrutia, Cristina Núñez y Sebastián Simonetti, *Arquitectura no es solo obra* (Santiago: LOCAL Editores, 2017), 280.

18 Sebastián Simonetti, Christian Fierro, Consuelo Araneda, Cristina Núñez, *Arquitectura Escrita 2017*, (Santiago: LOCAL Editores, 2018), 160.

19 Fabiola González, Nicolás Valencia, Yair Estay, *#XFORMAS de Hacer Arquitectura*, (Concepción: Dostercios Editorial, 2022), 226.

NOTAS

1 *Amereida* (Santiago: Editorial Cooperativa Lambda, 1967), 189

2 *Amereida*, 169

3 Fredy Massad, *Crítica de Choque* (Buenos Aires: Bisman Ediciones, 2017), 160

4 Ana María Durán, "Arquitectura contemporánea de Ecuador (1999-2015): El florecimiento de una crisis", *RITA 3*, (abril 2015): 40

5 Ibid.

6 Ibid.

7 Josep Maria Montaner, *La condición contemporánea de la arquitectura* (Barcelona: GG, 2015), 128

8 Las arquitecturas informales no son necesariamente antisistema: el proyecto Espacios de Paz contó con apoyo estatal en el primer mandato de Nicolás Maduro.

9 "Arquitectos venezolanos son reconocidos en la Bienal de Venecia", *El Universal*, 29 de mayo de 2018, https://www.eluniversal.com/entretenimiento/10670/arquitectos-venezolanos-son-reconocidos-en-la-bienal-de-venecia

10 Michael Snyder, "Paraguay's Response to Modernist Architecture? Clay, Mud and Timber", *The New York Times Style Magazine*, 14 de febrero de 2020, https://www.nytimes.com/2020/02/14/t-magazine/paraguay-architecture.html

11 Miguel Adrià y Andrea Griborio, *RADICAL. 50 Arquitecturas Latinoamericanas* (Ciudad de México: Arquine, 2017), 320

12 Nicolás Valencia. 2023. "Apuntes para una historia de los medios digitales en la Web 2.0 y su impacto en la arquitectura", *SOBRE* 9 (junio): 87-96 https://doi.org/10.30827/sobre.v9i1.28257.

13 Sin embargo, las iniciativas urbanas público-privadas que ofrecen más de lo exigido están ganando terreno en América Latina, con proyectos exitosos como el Mercado Urbano Tobalaba en Santiago o el Distrito Vera en Medellín. No obstante, siguen siendo una excepción.

14 "Global Inequality Data – 2020 update", WID World, visitado el 5 de agosto de 2024 https://wid.world/news-article/2020-regional-updates/

15 Carlos Pagni, *El Nudo* (Buenos Aires: Planeta, 2023), 776.

16 Various authors, *Esto no es arquitectura* (Talca: Bifurcaciones, 2023), 221.

17 Juan Pablo Urrutia, Cristina Núñez y Sebastián Simonetti, *Arquitectura no es solo obra* (Santiago: LOCAL Editores, 2017), 280.

18 Sebastián Simonetti, Christian Fierro, Consuelo Araneda, Cristina Núñez, *Arquitectura Escrita 2017*, (Santiago: LOCAL Editores, 2018), 160.

19 Fabiola González, Nicolás Valencia, Yair Estay, *#XFORMAS de Hacer Arquitectura*, (Concepción: Dostercios Editorial, 2022), 226.

Nicolás Valencia

Honored with the 2022 Young Architect Award by the College of Architects of Chile, Valencia is an architect, writer and editor. He has participated in various biennials and publications, including the XX Chilean Architecture Biennial and the II Tbilisi Architecture Biennial. Likewise, he was the general coordinator of the first ArchDaily book, *The ArchDaily Guide to Good Architecture* (Gestalten), and has published the books *#XFORMAS* and *Enjundia*. Between 2019 and 2023, he served as Head of Editorial at ArchDaily, where he also led the international New Practices competition. In 2021, he co-founded the Ibero-American platform Redes IAAC at the Institute of Advanced Architecture of Catalonia and since then he has been a professor of the Master in Cities at the same institution. In 2023 he was Guest Scholar at LA ESCUELA, a pedagogical project by the artist Miguel Bracelli and the Siemens Stiftung International Foundation.

Since 2024 he has been an ambassador for the Ammodo Architecture Awards in the Netherlands and a guest professor at the University of Talca in Chile. Likewise, he has been a speaker in Spain, Argentina, Brazil, Mexico, Colombia, Costa Rica, Ecuador, Peru and Chile.

Galardonado con el Premio Arquitecto Joven 2022 otorgado por el Colegio de Arquitectos de Chile, Valencia es arquitecto, escritor y editor.

Ha participado en diversas bienales y publicaciones, incluyendo la XX Bienal de Arquitectura de Chile y la II Bienal de Arquitectura de Tbilisi. Asimismo, fue el coordinador general del primer libro de ArchDaily, *The ArchDaily Guide to Good Architecture* (Gestalten), y ha publicado los libros *#XFORMAS* y *Enjundia*.

Entre 2019 y 2023, se desempeñó como Head of Editorial en ArchDaily, donde también lideró el concurso internacional New Practices. En 2021, cofundó la plataforma iberoamericana Redes IAAC en el Instituto de Arquitectura Avanzada de Cataluña y desde entonces es profesor del Máster en Ciudades en la misma institución. En 2023 fue Guest Scholar en LA ESCUELA, proyecto pedagógico del artista Miguel Bracelli y la Siemens Stiftung International Foundation.

Desde 2024 es embajador de los Ammodo Architecture Awards en Holanda y profesor invitado de la Universidad de Talca en Chile. Asimismo, ha sido conferencista en España, Argentina, Brasil, México, Colombia, Costa Rica, Ecuador, Perú y Chile.

www.nicolasvalencia.cl

ACKNOWLEDGMENTS

This book contributes to the vision of the School of Interior Architecture at the College of Architecture at the University of Tennessee- Knoxville (UTK). It synthesizes a series of coordinated events, including two seminars on Design in Latin America with invited architects across Latin America and an exhibit. The book is a compilation of rich presentations and engaging dialogue between architects from the south with UTK students.

This project expands learning opportunities beyond the "north" content typically covered in design curriculums in North America and increases global awareness and learning design through multiple geographic and social context lenses. It highlights the creativity of the South to do more with less, moving knowledge universally instead of only for those students who have economic access to study in other countries. There is a saying in Latin America, "If Muhammad does not go to the mountain, the mountain goes to Muhammad". In May 2023, we organized a series of courses so that UTK

AGRADECIMIENTOS

Este libro aporta a la visión de la Escuela de Arquitectura de Interiores de la Facultad de Arquitectura de la Universidad de Tennessee-Knoxville (UTK). Sintetiza una serie de eventos coordinados, que incluyen dos seminarios sobre Diseño en América Latina con arquitectos invitados de toda la región, así como una exposición. El libro es una recopilación de presentaciones enriquecedoras y diálogos estimulantes entre arquitectos del sur y los estudiantes de UTK.

Nuestro objetivo es ampliar los horizontes del aprendizaje, trascendiendo los enfoques predominantes en Norteamérica y fomentando una visión global del diseño a través de diversas perspectivas geográficas y sociales. Queremos destacar la creatividad y la capacidad de innovar con recursos limitados que caracteriza a muchos países del Sur, y compartir estos conocimientos con estudiantes de todo el mundo. Siguiendo el proverbio latinoamericano "Si Mahoma no va a la montaña, la montaña va a Mahoma".

students could learn from those educated and trained in the South who grew up with the scarcity mentality and optimize resources to increase the return on investment. These talks were curated, and a few evolved into a selection of texts that we worked on with their authors until we transformed them into the volume you have in your hands.

This project would not have been possible without the support of the University of Tennessee College of Architecture and Design dean's, Jason Young, and the architects around the Americas who are asking similar questions to those we are asking at the School of Interior Architecture. It was also financially supported by the University of Tennessee Knoxville Exhibit, Performance, and Publication Expense Fund, and the Office of the Provost MZ Start Up Funding.

En mayo de 2023, organizamos una serie de cursos impartidos por profesionales del Sur, quienes compartieron sus experiencias y conocimientos sobre cómo optimizar recursos en contextos de escasez. A partir de estas enriquecedoras charlas, seleccionamos una serie de textos que, tras un cuidadoso proceso de edición junto a sus autores, se han convertido en este volumen.

Este proyecto no habría sido posible sin el apoyo del decano del Colegio de Arquitectura y Diseño de la Universidad de Tennessee, Jason Young, y de los arquitectos de todo el continente americano que comparten nuestra inquietud por explorar nuevas formas de abordar la arquitectura. Asimismo, agradecemos el financiamiento otorgado por el Fondo de Gastos de Exhibición, Rendimiento y Publicación de la Universidad de Tennessee Knoxville, y la Oficina del Provost MZ Start Up Funding.

Conversations from south to south: Architecture, culture and context was printed and bound in May 2025 by Offset Rebosán in Mexico City. It was printed on 60 g Snow Cream paper and set in typefaces of the Acarajé and Piazzola families. The print run was 1,000 copies.

Conversaciones de sur a sur: Arquitectura, cultura y contexto fue impreso y encuadernado en mayo de 2025 por Offset Rebosán, en la Ciudad de México. Fue impreso en papel Snow Cream de 60 g. Para su composición se utilizaron las familias tipográficas Acarajé y Piazzola. El tiraje consta de 1 000 ejemplares.